U0645017

觉醒的父母：
这样做，孩子才肯听

RETHINKING DISCIPLINE:

CONSCIOUS PARENTING
STRATEGIES FOR GROWTH
AND CONNECTION

[美] 叶胡迪斯·史密斯 ／ 著　Yehudis Smith

风君 ／ 译

人民东方出版传媒
People's Oriental Publishing & Media
东方出版社
The Oriental Press

献给我的孩子们，那些我们一起度过的一幕幕
场景——难熬的不眠之夜、看医生、流泪与欢笑、
换脏尿布、互相依偎、亲吻和舞会——如今犹在眼
前。在过去的 10 年里，你们教给我的东西要比我
想象的更多。我爱你们，很爱很爱。

本书是为你们而写的。

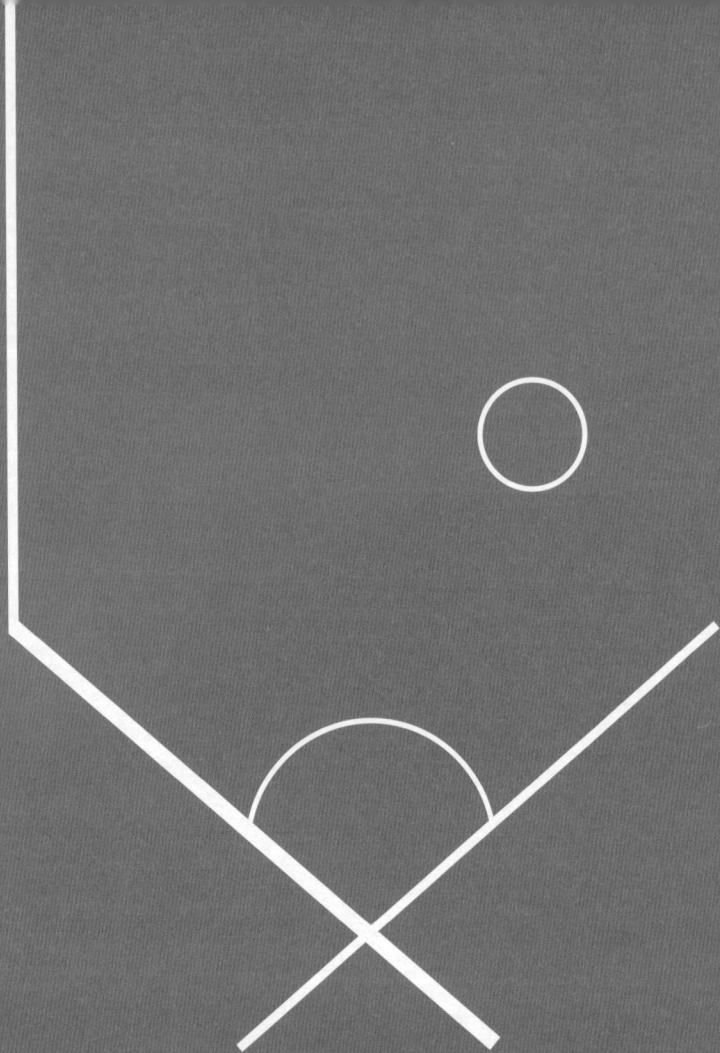

目录 CONTENTS ||||||||||||||||||||||||||||||||

译者序
育儿之路，觉醒之路

　　大约 10 年以前，印度裔美籍心理学家沙法丽·萨巴瑞博士以一本《父母的觉醒》，首度提出"觉醒"的育儿概念，一时间大受热捧，得到了众多父母的好评与拥护。觉醒式育儿也作为一种先进的育儿理念广为传播，在国内也不乏拥趸。我也曾有幸拜读过萨巴瑞博士的大作，并颇受启迪。因此，当接到本书的翻译委托时，也是颇感亲切熟悉，同时也不免好奇，时隔十载，"觉醒式育儿"的方法理念，又是否有所发展变化？于是欣然接下了这个翻译任务，这大概也算我与本书的缘法吧。

　　说起"觉醒式育儿"，不熟悉的家长也许会问：这种教养方式有何特点？与传统教养又有何区别？其实要加以概括也不算难，关键还得从这"觉醒"二字中求解。而要觉醒的，可不是孩子，而是父母。

　　在传统的教养方式中，父母居高临下，掌控一切，说一不二。而孩子呢，幼小无知，所以理当受我们这些懂得更多的成年人的规训和控制。但是，我们从来没有想过，这种格局其实既不利于孩子，也不利于父母。

　　为什么不利于孩子呢？因为这种教养方式实际上就是把父母的

期望强加在了孩子身上，而没有考虑孩子本身意愿如何。当然，父母肯定是把自认为"最好"的东西教给孩子，希望孩子能有一个好的将来。但是，"你认为好"的，孩子就一定也认为好吗？孩子真的对什么东西好，什么又不好，没有自己的判断力吗？孩子有自己独特的自我和灵魂，他并不是父母的迷你翻版，也不是可以随便涂抹的白纸。家长的武断干涉，会剥夺孩子天然的发展权，让他们偏离自己的命运轨迹。这对孩子其实是不利的。就像父母如果是艺术家，很可能就会敦促孩子去开发艺术专长，父母如果是经营家族企业的，那就希望孩子将来能继承家业。但是，艺术家的孩子就一定有艺术天赋吗？生意人的孩子就必定有商业头脑吗？这种规划孩子人生的做法，其实会给日后亲子关系的疏离和对抗埋下伏笔。

　　那又为什么不利于家长呢？因为传统的教养方式，让家长思想僵化、故步自封。在这样的亲子关系中，家长长期都处在绝对控制的一种地位上，那么时间久了，就会形成一种自负，觉得"我做什么都是对的""孩子就是得听我的"。在这些家长看来，自己肯定是爱孩子的，也愿意为他付出甚至牺牲。想想那些上绘画班、音乐班的孩子，后面不都跟着任劳任怨的家长，牺牲自己的时间，陪着孩子东奔西跑，还要帮孩子拎画架、拎乐器。至于金钱上的付出，那更不用提了。如此一来，家长都会倾向于自认为是最好的家长。如果这时候有人跟他说，你教养孩子的方法可能有点问题啊，我觉得你应该怎么样怎么样，甚至跟他说，你还没有实现父母的觉醒，他肯定不乐意，甚至一跳多高，和你争辩说："我为孩子付出那么多，我这么爱他，我怎么会做错？"但是静下心来反省一下，你能说自己每一个举措都是对的，都是合理的吗？在传统的、直线式的教养模式里，父母因为没有获得足够的反馈，所以也不知道怎么去调整和改变自己的育儿方式，结果就是刚愎自用，一条路走到黑。更有甚者，父母意识不到自己的行为与态度对孩子的潜在影响，只会一味说教，结果也会给日后亲子关系的疏离和对抗埋下伏笔。

以上这些，都是父母"不觉醒"的体现。而所谓"觉醒"，就是父母开始抛弃这种居高临下的自负态度，学会以一种更加平等的方式和孩子互动，实现与孩子的心灵同步，发现孩子的本真。与此同时，父母也应该在育儿的过程中反躬自省，意识到自己的性格弱点可能带给孩子的负面影响，在亲子互动中学会调节自己的情绪，从而实现自我觉醒和进步，和孩子共同成长。

父母的"觉醒"作为一种理念，自然是洋洋洒洒，令人服膺。可是真要躬亲力行，却多少有点"说起来容易做起来难"的感觉。身为新一代父母，我们自诩更注重亲子关系，更尊重孩子，但当我们真正面对孩子时，还是会不由自主地受到习惯力量的驱使，毕竟"原生家庭"的影响不是说没就没的。何况孩子不听起话来，做父母的一个火冒三丈，往往就把什么"觉醒""平等""互动"之类的说辞抛到了九霄云外，于是嘴上说着倾听和平等，结果又走回对抗的老路，是不少家长于觉醒一途屡遭挫败的常态。

这时候，就是本书的用武之地了。如果说《父母的觉醒》提出的是一套形而上的教养理念和纲领，那么叶胡迪斯女士的这本书就是一本手把手式的实操手册。书中不仅有觉醒式育儿的分步教学，更有大量生动详实的育儿示例。不管你的孩子是还在蹒跚学步的幼童，还是即将步入学校的学龄儿童，抑或是显露叛逆的青少年，都可以在书里找到对应的实例。作者牢牢抓住觉醒式育儿的一个核心行为——教养——展开论述，可谓切中要害。须知觉醒式育儿虽然倡导父母与孩子的平等，鼓励让孩子自由成长，但这绝不意味着对孩子放任自流。父母再觉醒，也不能避免孩子在成长路上犯各种错，所以该管的时候还是得管。可究竟该怎么管呢？这是个问题。

传统的老办法肯定是不管用了，不说体罚孩子早已不合时宜，那种"我说了你就得照做"的权威父母做派如今也已经式微。和我们小时候不一样，如今早早经受互联网时代熏陶的孩子什么世面没见过？他们可不会因为你是父母就无条件认同服从，强按头的结果只是为将来更大的冲突埋下隐患。

那么，父母怎么说，孩子才肯听？怎样管教孩子，才能在维持平等的亲子关系的同时，促进孩子的发育和成长，帮助他获得生活所需的技能，发展健全的自我？这是觉醒式育儿所要解答的，也是本书致力于探索的。

在觉醒式育儿的亲子关系中，父母扮演的角色更多是引导者和协助者，而不是独断专行的专制权威，这是对传统教养的一种颠覆。然而要尽到引导的职责也并不容易，需要父母时刻自我警惕，自我反省，自我完善。这一点倒是与传统相合，至少中国人向来重视教养孩子时的"以身作则""身教重于言教"。孔子就曾说："其身正，不令而行；其身不正，虽令不从。"父母应为孩子树立榜样，这是觉醒式育儿的核心，却也恰恰是当今许多父母所忽略的。有多少家长是一边勒令孩子不许多玩手机，一边自己通宵刷手机的呢？要管住孩子，先管住自己。在如今这个充满诱惑的物质时代，觉醒式育儿确实是很多为人父母者应该补上的一课，既是颠覆传统，却也是回归传统。

当然，正如作者所说，"这本书并不能为你提供解决育儿问题的万全之策。觉醒式育儿也并不意味着你动动手指翻翻书就能在几个小时内彻底改变自己的生活。你需要踏上一场自我发现的旅程。"中国的古话说，"师父领进门，修行在个人"，本书的手把手教学，其实就是一种入门，但每个家庭、每个孩子的情况都有独特性，何况中国的国情与美国又有不同，需要活学活用而不是生搬硬套，才能真正有所收获。

唯希望本书的出版，能够为那些正在育儿途中烦恼困惑的父母指出一条明路，帮助他们就此踏上与孩子共同成长的"觉醒之路"。

由于翻译时间较为紧迫，本书在翻译上许有错误或不当之处，欢迎读者批评指正。

风君

2021年9月于上海

引言　||||||||||||||||||||||||||||||

从我记事起，我就想当个母亲。到我生下第一个孩子时，我已经当了好几年的幼儿教师了。当时我自信满满，以为自己可以扛住整个世界的压力。随后我的第二、第三和第四个孩子接踵而来，而我很快就不知所措了。为人父母要面对的各种琐事、为了兼顾这些小家伙和我自己的需求而承受的持续压力，这些事情让我焦头烂额。真相立时大白：即便身为教师并且喜爱孩子，我也并没有为养育自己孩子所要经历的考验和磨难做好准备。我还有很多东西要学。

随着我逐渐有了做一名母亲的自觉，我开始改造自己从小根深蒂固的传统育儿方法。是觉醒式育儿助我获得了成功。

如今，把时间快进差不多 10 年：我已是一个有 4 个不满 10 岁孩子的母亲，并且有 13 年的儿童早期教育经验。我还是一名觉醒式育儿的教练和教育工作者。我通过作为一名母亲的亲身经历，以及进步的育儿和教育方法方面接受的大量培训来不断磨炼自己的技能，并获得了幼儿早期教育和发展的研究生学位。我热爱觉醒式育儿，因为它让我成为更好的母亲，也成为更出色的人，更因为它确实行之有效。

在过去的几年里，我利用觉醒式育儿的技术和理念成功指导了许多父母。抚养不同年龄和发展阶段孩子的父母都声称，在接受此类指导后，他们孩子的行为有所改善。在贯彻这本书中的体系和技术后，他们与孩子的关系也得到了改善。

如果你此刻拿起了这本书，那我要祝贺你。承认自己需要帮助是很难的，而积极改变的第一步是愿意和接受。自我完善，尤其是作为父母的自我完善，需要高度的自我认知、诚实和谦逊。很高兴你能步入此列。

这本书并不能提供解决你的育儿问题的万全之策。觉醒式育儿也并不意味着你动动手指翻翻书就能在几个小时内彻底改变自己的生活。你需要踏上一场自我发现的旅程，并学习用不同的方式来与你的孩子相处。这本书能帮你做到的，是使这个过程更容易一些，并教给你相关的可实施技术，以帮助你成为一个更加觉醒的父母。

– 你将学到什么 –

在我们开始之前，先在这里对你将在本书中学习的内容做一个快速浏览。

开始觉醒式育儿。探索什么是觉醒式育儿以及它与更为传统教养方式的理念和技巧有何不同。了解觉醒式育儿的主要原则，它如此有效的原因以及改变你对管教的看法为何重要。

步骤 1：在情绪激动时保持冷静

找出最能触怒你的因素及其缘由。了解为什么你会对孩子的行为产生这样的情绪。在与孩子接触之前，学习在冲突时控制自己的反应和调节自己情绪的策略。

步骤 2：理解孩子的行为

了解错误行为的概念以及每个发展阶段的最常见行为。

了解什么是执行功能技巧，以及如何解读孩子的行为，以找出他们需要学习的技能。

步骤 3：建立安全感

了解处理消极行为的工具和技巧，这些行为源于身体和情感上的不安全感。当儿童感到安全和平静时，他们就能够在更深的情感层面上进行联系。

步骤 4：情感上的联系

识别可能源于未得到满足的情感需求的消极行为，特别是无效感、被忽视感或被低估感。学习帮助儿童感受到被爱和被珍视的技巧，这是学习执行功能技巧的基础。

步骤 5：一起解决问题

认识到你的孩子何时准备好自我调节并自己解决问题。学习如何为你的孩子树立情绪管理的榜样，增强他们的自信心，使他们感到有能力应对新的挑战。

保持联系

一旦你了解了觉醒式育儿的来龙去脉，就可以利用这些技巧，通过不断的联系和正念，在家庭内外均保持一种倡导觉醒式育儿的文化。

- 如何使用本书 -

可以随意在各章节间跳跃阅读，以找到可能适用于你所面临的特定情况的策略。每种策略都是彼此独立的。

然而，如果你是初次接触觉醒式育儿，还请先花点时间学习一般的原则，并努力发展后续章节中提出的策略和技能。

虽然许多行为问题会随着孩子的发育而趋于合理，但有些可能需要专业帮助。如果你运用书中介绍的技巧却未获成功，你可能要考虑咨询专业人士。

本书旨在为那些对觉醒式育儿方式感兴趣的父母提供实用指南。其并非用于诊断、治疗或取代医疗或治疗建议。父母必须有自己的判断力，并且了解在为自己和家庭作出最佳决策时，应寻求专业支持。

现在，我们已经准备好一起踏上我们的旅程，致力于同我们的孩子建立一种更为正念的关系。而第一步就是认识到我们还有成长的空间，当你拿起这本书时，你就已经迈出了这一步。就让我们投入其中吧！

第一章

觉醒式育儿：把幸福还给父母和孩子

觉醒式育儿是一种先进的育儿理念，家长通过自我反省来确定哪些育儿理念和模式是有害的，避免将其用到我们的育儿上。在你尝试实施觉醒式育儿策略之前，让我们先来探讨一下它有什么含义，它的关键原则是什么，以及它与其他育儿方法的区别。然后，我们将讨论在你踏上觉醒式育儿之旅之前，如何制定现实的教养目标。

第一节　什么是觉醒式育儿

从本质上讲，觉醒式育儿就是让我们放下自负感，而代之以深深的谦卑，并使我们明白，我们唯一能控制的行为就是我们自己的行为，而我们唯一能改变的人也是我们自己。作为父母，我们的行为和反应直接影响到我们与孩子的关系，也影响到他们与其他人的关系。

－ 管教孩子时保持冷静的重要性 －

觉醒式育儿的一个核心理念是，父母自己的情绪包袱会影响他们的行为。作为父母，那些与我们一生相随的东西——生活经历、创伤，也许还有一些糟糕或紧张的关系——塑造了我们的人格、优势、弱点乃至爆点。作为父母，我们需要在与孩子互动之前调节自己的情绪，在遭遇困境的时候尤其如此。如果我们没有找出自己过去经历的痛苦，我们就可能会反应过度或以不适当的方式发泄。觉醒式育儿使我们能够对自己的心理状态有所认知，并防止其对我们的关系产生消极影响。

情感联系是激励儿童行为的一个主要因素。在觉醒式育儿中，尊重与孩子的情感联系比证明你的观点或让你的孩子名列前茅更重要。

当孩子感到与你的联系断开时，他可能会采取不良的行为方式。

觉醒式育儿强调，营造一种有着积极的情感联系的氛围是确保孩子成功和家庭和谐的首要策略。

父母可以通过以下五个步骤维系这种情感联系：

1 在情绪激动时保持冷静
2 理解孩子的行为
3 建立安全感
4 在情感上进行联系
5 传授解决问题的技巧

在觉醒式育儿中，管教是重要的教导工具。觉醒的父母明白，最困难的管教时刻也可以是一个机会，让我们的孩子学到最重要的一课：我们都是一样的人。管教不是一种惩罚方法，而是一个良机，让孩子掌握适当的工具和技能，以应对生活中的挑战。

– 其他教养方式 –

今天，人们用到的教养方式可谓五花八门。并不存在什么育儿的标准手册，所有的父母和孩子都有很大的不同，所以对某些父母有效的技巧可能对其他人无效。

不过，一些先进的教养方式却同样拥有觉醒式育儿的部分核心价值观。

亲密育儿法（Attachment Parenting）

由威廉·西尔斯博士创立的亲密育儿运动，主要关注孩子的婴儿期和儿童早期。亲密育儿法强调必须对孩子的需求作出直觉反应，并相应地给予持续的身体和情感关注。

真实育儿法（Authentic Parenting）

在真实育儿法中，父母和孩子在家庭乃至更大的社区中拥有平等的地位。真实育儿法的关键原则是要求父母诚实地表达他们的感受和需求，父母和孩子都有能力去教和去学。

觉察型育儿法（Aware Parenting）

由阿莱莎·苏尔泰博士创立的觉察型育儿法将教育重点从惩罚性方法转向非惩罚性方法。觉察型育儿突出了每个孩子改良世界的潜力。

正面管教（Positive Discipline）

正面管教是简·尼尔森博士的心血结晶，它教导孩子们成为"负责任的、受尊重的和机智的人"。当父母和孩子之间相互尊重，不强调惩罚的时候，正面管教就是成功的。

与其他积极的育儿法一样，觉醒式育儿也是基于这样一个前提：作为父母，我们的自我完善之旅对我们与我们所照顾的孩子之间的关系有重大影响。这段旅程并非坦途，不过好消息是，你可以亲身实践觉醒式育儿，而且你现在就可以上路。

第二节　觉醒式育儿有何与众不同之处

　　觉醒式育儿与其他教养方式的不同之处在于，它主要致力于回答以下问题：我如何改变自己来帮助我的孩子取得成功？通过不断进行自我情绪调节，建立健康的应对机制，并基于结果来教导而不是惩罚，你就能帮孩子成长为一个健全的、能够建立积极人际关系的成年人。

　　不管是在指导客户时，还是与朋友喝咖啡闲聊时，我经常听到的一个问题是："有什么必要彻底改变教养方式呢？我的父母用传统方式抚养了我，我现在过得也挺好的啊。"这种说法是否属实并不好说，但毫无疑问的是，世界在过去大约 10 年间已发生了巨大的变化，传统的教养方式不再足以应对当下形势。

－ 传统育儿的局限 －

　　传统育儿并不是一种具体的理念，而只是一种普遍的教养方法，至今仍然流行。传统育儿主要是通过惩罚的方式来制止孩子的不良行为，其视父母为有力的一方，而孩子为无力的一方，并旨在教会孩子以某种契合自身给定角色的方式行事，而几乎不给孩子自身意见留有余地。最后，在传统育儿中，管教被看作是一种确保孩子在任何情况下都能举止得体的工具，而不是一种教授孩子新技能的手段。

在孩子对世界进行学习、观察和理解的过程中，突破界限和检验现状是至关重要的。但是今天的孩子们有一种高度的世故态度和自主权，这是上几代人不具备的。那种孩子被迫服从和家长随意发号施令，"因为我说了你就得照做"的日子一去不复返了。

我们童年时代的那种顺从和天真已经被这一代人对真正答案的渴望所取代。如果我们不能就教导提供充分的解释，我们的孩子就会想尽一切办法去要求获得这种解释。

如果我们想和孩子们维持成功且和谐的关系，我们就必须和他们一同与时俱进。而这第一步就是，承认传统的教养方式可能不再奏效。踏上自我发现之旅途，不再执着于我们原先的育儿设想，这便是觉醒式育儿的关键所在。

－"传统育儿"对标"觉醒式育儿"－

觉醒式育儿的成功得益于以下这些管教原则：我们的关注重点、驱动意图、方法论和对儿童消极行为的看法。下页图表说明了传统教养方式和觉醒式养育方式之间的根本区别。

当你采纳觉醒式育儿时，你的世界会发生颠覆性的转变。下面让我们更详细地探讨一下觉醒式育儿和传统育儿之间的区别。

	传统育儿	觉醒式育儿
父母角色	控制孩子的专制者	与孩子共同努力的引导者
对不良行为的态度	不良行为是不好的，需要被制止	不良行为代表了孩子发出的信息
管教的目的	管教就是强迫服从	管教是为了教授生活技能
什么是冲突	冲突是消极的，需要避免	冲突是一个教与学的机会

觉醒式育儿：控制自己的情绪，而非孩子的

在传统的教养方式中，父母在管教情境下重点关注孩子的消极行为。在面对孩子时，父母的语气经常显得生硬、严厉、吹毛求疵，有时甚至带着怒火。对于孩子的不良行为，传统的父母可能会这样回应："你应该更懂事！"或"别打你妹妹了。否则一周不准用iPad ！"这种咄咄逼人的说话方式传达的意思是，在任何情况下孩子都不被允许为自己的行为辩护。这种父母对消极行为采取零容忍政策，更没有讨论的余地。

孩子对传统管教的反应可能有两种情况。他的反应可能是顺从，并习惯于不再表现出这种行为。他所经历的任何内心动荡都被压抑，结果往往导致怨恨、愤怒，或无法以恰当的或健康的方式表达自己的感受。有时，这种被压制的动荡会使孩子走上情感发育不良的道路。或者，面对父母的斥责，孩子也可能会反击和争辩，这可能会触怒父母，随着争吵的持续，父母会越来越沮丧。通常，在这种情况下，双方陷入的是一场意志之争或权利之争，没有人最终能够胜出。

　　觉醒式育儿采取了一种截然不同的方法。当父母自觉地与自己和孩子的福祉保持一致时，他就会明白，试图改变孩子的行为是一种徒劳。一个觉醒的家长会意识到，他只能控制自己的内在情绪和心理状态，而非孩子的。他会认识到，在与孩子互动之前，确定自己的情绪状态并保持自我专注是多么重要。

　　将注意力从孩子的消极行为转移到父母的内心状态，这个过程可能需要时间。

利用冲突教会孩子成长

　　传统父母管教背后的驱动意图是行使对孩子的控制权。在这种情况下，孩子在家中的等级地位势必低于父母，而父母的工作是确保孩子安于其位。

　　当孩子表现出消极行为或制造冲突时，传统的父母视其为一种威胁。父母对失去控制权的深深恐惧驱使他们"不择手段"，只为成功地将他们的孩子按回原位。孩子和父母有时会有对立冲突，因为任何年龄段孩子的内驱欲望都是尽可能多地获取控制权。

　　另一方面，一个觉醒的父母则拥有一个完全不同的视角。在他们看来，管教儿童背后的驱动力是引导他们应对生活中的挑战，教会他们社会情感技能，并将他们培养成健全的、有所贡献的社会成员。

　　管教不再关乎谁对谁错，或者谁有权利谁没权利，而是关于我们在孩子成长为能够反思自己行为的人的过程中所扮演的角色。觉醒式父母更多是引导者，而不是专制者。一旦我们充分认识到我们的自我中心主义弊大于利，我们就会进入觉醒的领域。

只有如此，我们才能开始教导我们的孩子以适当的方式处理冲突。

按我做的做，而不是按我说的做

典型的传统父母可能会宣扬某种行为模式，他们希望孩子们能够遵守这种模式。我们有多少次曾向自己的孩子宣布我们自己都难以实现的期望？这种交流经常变成"按我说的做，而不是按我做的做"。我不知道你的孩子怎么想，但我的孩子永远不会对这种答案或暗示感到满意。他们很可能会问："妈妈，为什么不允许我尖叫，而你却可以？"作为一个传统的父母，我的回答可能是："我是大人，我可以做我想做的事，而且你一开始问我这个问题就是不应该的！"因为这个问题会触及我的不安全感，且其来有自，所以我不得不把讨论扼杀在萌芽之中。毕竟，按照传统的育儿理念，作为父母，我们的工作是指导孩子的行为，而不必反省或承认我们自己的错误。

实践觉醒式育儿的父母可以做个深呼吸，审视自己的内心，并认识到为了教会孩子某种技能，他们必须亲自实践这种技能。以身作则是教导孩子某种行为的最有效方式。

研究表明，树立榜样是确保孩子见证特定的积极行为或技能，并将其融会贯通的最成功的结果驱动方式。伊利诺伊州立大学（ISU）儿童护理中心主任、ISU家庭与消费科学系的儿童发展讲师凯伦·斯蒂芬斯发现，在家中目睹家庭暴力的儿童更有可能成长为有敌意的成年人，而在父母通过尊重与和平手段处理冲突的家庭中长大的儿童则可能学会非暴力解决问题的技能。我们的孩子会把我们的一举一动都看在眼里，并与我们的行为方式保持高度一致。我们的这些行为，无论是消极的还是积极的，我们的孩子都会模仿。

反思孩子的行为

传统教养方式和觉醒式育儿之间最显著的区别之一是父母从什么角度来解释孩子的消极行为。

我们无法控制自己孩子的行为，就像我们无法控制在堵车时是否被另一辆车堵住一样。

在整个成长过程中，我们的孩子会我行我素，会反抗权威，会提出质疑，会胡言乱语，会无视规则，也会经历失败。作为父母，我们的决定性时刻不是我们的孩子是否会有这样的行为，而是当他们不可避免地表现出这样的行为时我们将如何应对。

思想传统的父母往往把上述行为简单地解释为不好的，这使他们感到不知所措和沮丧。这些感觉最终导致他们判定自己孩子是失败的，随之而来的是确保这些失败不再发生的迫切愿望，这导致他们对孩子施加非理性的惩罚。随着对失败的恐惧不断增加，惩罚会变本加厉，而父母则越来越无法去教导孩子处理未来冲突的适当技能。

通过觉醒式育儿提供的视角，你对孩子行为的看法会发生重大转变。你不应把消极行为看成是糟糕的、故意的，而应该把它视为一个孩子犯下的错误，从而对你的孩子产生同理心。这种认知可以帮助你在感受到压力时保持注意力集中。

注重后果而非惩罚

"惩罚"一词指的是对儿童所做，或施加在儿童身上的某些事情，目的是抑制儿童再次做出消极行为。惩罚往往与行为完全无关，只是为了让人感到极度不愉快。

惩罚孩子的根本动机是为了防止不良行为再次发生，但惩罚大多是无益的，因为其与行为的无关性无助于教导孩子去了解他到底做错了什么，以及为什么这种做法是错的。这也没能让他学会某种技能，以便在下次遇到类似情况时加以运用。

觉醒式育儿把这种惩罚的概念弃如敝屣。觉醒的父母把不良行为视为孩子传达需求的一种尝试，而惩罚在帮助他学会更恰当地传达这些需求方面是徒劳的，甚至是有害的。

相反，我们使用随行为而发生的自然后果和与挑战行为直接相关的逻辑后果来应对孩子的行为。两者在教给孩子更合适的行为方式的同时，也都有所限制。

让孩子体验因其行为而产生的自然后果是很有价值的。我们在书中更深入地介绍了这些类型的后果。

长期收益

觉醒式育儿并不仅仅是一种与你的孩子互动的积极方式而已。它也是为了你与孩子之间的持久关系，以及他们与周围人之间关系所勾勒的一份长期蓝图。

因为觉醒式育儿增强了你的内省技能，你的孩子也将学会这些技能。通过观察你的言谈举止，他们会明白如何进行情绪调节，这将是他们一生中最宝贵的技能之一。你将亲身践行自己的同情心、同理心和宽恕之心，而你的孩子也可以从你身上学到这些特质。

研究表明，与父母有着紧密联系和健康关系的孩子几乎在生活的每个方面都更加成功。

觉醒式育儿为你提供了与孩子建立积极联系的相应技巧，这既能激励他们走向成功，同时又允许他们有犯错的空间，并能从错误中吸取教训而不必为之羞愧。

第三节　设置合适的目标

如果你从这本书中只有一个收获，那就该是以下这点：完美是不可企及的，尤其是在养育孩子方面。

我们对此心知肚明，却仍在不断为实现完美而奋斗。在社交媒体上，我们被他人看似完美的生活所淹没。那些网红名人，甚至我们的同侪都在孜孜不倦地用完美的滤镜拍摄完美的照片，以此抹去日常生活内在的所有真实性痕迹。但其实，生活并不完美，养育子女的工作也会一团糟。

比如在我的生活中，我们会为一张家庭照片试遍各种办法，只为我所有的孩子都能同时看向镜头。即便如此，往往也是一场瞎折腾。

只有当你发自内心认识到完美不是目标，才有可能制定合适的教养目标。

事实上，接受"完美绝非目标"这一点，正是觉醒式育儿的主要目标。

在觉醒式育儿中，我们的主要教养目标是进步。一个觉醒的父母会不断努力完善自我，不管是作为父母还是作为一个人，皆是如此。当你阅读这本书时，可以评估一下你个人在教养过程中获得的发展。你是否正在逐步进行自我完善，并学到一些关于你自己和你孩子的新东西？如果是这样，你的大方向就对了。

- 要自律，而非顺从 -

自律包括一套同时有助于自我控制和自我调节的技能。自律背后的动机是内在的。这些技能一旦被掌握，就将永远为我们服务。

这与顺从形成了鲜明对比，顺从是一种出于外在动机的行为，其用于安抚他人。当下，为了立即制止孩子的不良行为，父母很容易会大喊大叫或将其拉离现场。

告诉孩子们停止他们的行为，"因为我就是这么说的"，这很可能会导致他们顺从。但是，当他们接下来遇到类似的情况时，会发生什么呢？如果他们没有学习并反思为什么他们不应该这样做，或者如何停止这种行为，他们可能会故态复萌。

作为觉醒的父母，我们的根本目标是帮助我们的孩子发展自律，以便他们能够过上更健全、更自足的生活。

如前所述，孩子们通过观察他们的父母来学习时，效果最好。通过努力提高我们自己的自律性，我们就可以为孩子赋能，让他们同我们一样实现自律。在后文，你将学习如何通过练习情绪管理和情绪调节，以及健全的内心对话来树立自律的模范。

- 尊重大脑的发展规律 -

在制定教养目标时，你必须考虑到你孩子的发展阶段。期望孩子们达到不符合发展规律的期望是不公平的，也是徒劳无益的。

有时，我们的孩子在发展中处于什么阶段是很明显的。例如，你不会期望你 8 个月大的孩子在要食物时用语礼貌，因为 8 个月大的幼儿缺乏这种语言能力。

然而，其他很多时候，合理和不合理之间的界限是模糊的，很难确定什么适合你孩子的发展阶段，而什么不适合。我们将在后文更深入地探讨这些技能的发展。

在考虑儿童发展时，我们需要从生理学角度理解孩子的大脑构造。

前额叶皮质是大脑中控制判断和批判性思维的部分，至少在 25 岁之前不会发育完全，一些当代研究还断言，其到 30 多岁才会停止发育。根据发表在《青少年健康期刊》上的研究，"前额叶是'执行功能'（如计划、工作记忆和冲动控制）的神经回路的关键组成部分所在，是大脑中最后成熟的区域之一；它们可能直到 35 岁左右才发育完全"。如果你在不了解孩子是否已准备好的情况下设置不现实和不恰当的教养目标，可能会导致灾难性的后果，包括孩子的低自尊和你们之间关系的紧张。

你可能将不得不处理更多的消极和挑战性行为。

– 影响育儿目标的其他因素 –

其他因素也会影响你的教养目标，而这可能需要专业人士的干预和帮助。它们包括但不限于：

► 潜在的未经诊断的身体状况

► 学习和认知差异，如自闭症、注意力缺陷多动症（ADHD）或

阅读障碍

▶ 听力障碍

▶ 感觉处理障碍

▶ 听觉处理障碍

如果你按照本书的指导去做了，但你的孩子却没有相对应的反应或者和孩子的关系没有好转，请寻求专业帮助。

> ## 「准则」
>
> 我的目的是教育和指导我的孩子，而不是控制他。
>
> 我是个好家长，我的孩子是个好孩子。我们为了成长和无条件的爱而走到一起。
>
> 冲突没有好坏之分，这是一个教与学的机会。

定义

一种以自律和自省为基础的先进的育儿理念

觉醒式育儿

重点：掌握自律，以便把它教给你的孩子

主旨：
了解你自己的情绪状态以及你与孩子的情感联系及其影响，并将管教作为一种工具来传授技能

传统的管教方式

将孩子的顺从视为一个目标，而父母则是一个专制者

觉醒式 父母应该这样做

- ★ 放弃无法实现的完美想法
- ★ 避免聚焦于顺从
- ★ 考虑孩子所处的发展阶段，必要时寻求专业建议

「反思」

▶ 什么教养困难促使你求助于觉醒式育儿？

_____

_____

_____

_____

▶ 孩子什么样的行为会让你失去控制？

_____

_____

_____

_____

▶ 作为父母，你担心别人会怎么说你？

_____

_____

_____

_____

▶ 你羡慕其他父母的哪些品质？

_____

_____

_____

第二章

父母怎么做，孩子才肯听

如何在最困难的时候进行自我调节，以便在沟通时和孩子彼此尊重，进而实现你的教养目标呢？

一开始，要学会识别那些对你来说最大的触发因素：孩子说谎、顶嘴、发牢骚、打架……然后学习应该如何应对，而不是对这些触发因素作出激烈反应。

第一节　在情绪激动时保持冷静

　　我们都对管教孩子时冲动上火的那种愤怒的感觉有切身体会：我们体温升高，鼻子冒汗，心怦怦直跳，血压噌噌升高。我们会勃然大怒，歇斯底里。但是当我们怒不可遏时，尤其需要在试图管教孩子之前调节自己的情绪。本章介绍了如何在最困难的时候进行自我调节，以便在沟通时和孩子彼此尊重，实现你的教养目标。一开始，要学会识别那些对你来说最大的触发因素，然后学习应该如何应对，而不是对这些触发因素作出激烈反应。

– 什么是"触发" –

　　几年前，有一次我走进浴室，发现我的儿子把这里弄得一团糟：水流泛滥，肥皂、牙膏和泡沫到处都是。我很生气，很沮丧，而且极其失望。仿佛灵魂出窍一般，我看到了自己的反应，那是在我的大脑前额叶，即控制理性思维的区域关闭的情况下自己作出的举动。后来，我无法相信从我嘴里说出那样的话："你怎么能这么做？""我已经告诉过你多少次了……""你是想让我的日子更难过吗？""你知道我需要多长时间来清理这些东西吗？"毫无疑问，我被激怒了。"触发"（Trigger）这个词对我们来说已经不再陌生。但所谓"触发"到底是什么呢？在创伤后应激障碍（PTSD）的情况下，触发被描述为"使你想起创伤性事件的景象、声音、气味或想法"。当一个人进入这种情绪和心理上被触发的状态时，他觉得自己好像在重历创伤。

他的脑干受到刺激，大脑进入所谓的生存模式，启动战逃反应。交感神经系统接管身体，而身体则开始进入特定生理过程以确保自身生存。

但当我们与孩子发生冲突时，我们很可能并没有经历真正的创伤。那么，为什么我们的生存模式会启动？根据克利夫兰诊所的心理学家卡罗琳·费舍尔博士的说法，我们的压力反应起初是为了在进化过程中帮助我们生存，但现如今情况已经不同了。今天，我们的战逃反应往往会在应对精神或心理困扰时被激活。与我们的孩子发生冲突会在我们的大脑和身体中引起一种类似于真实创伤的反应。

当这种情况发生时，我们应该意识到自己被触发了，并进行自我调节，或实施管理情绪反应和冲动的过程，以便使自己回到心平气和的状态。我们必须提醒自己，我们是安全的，战逃模式是没有建设性的。为了解决冲突，我们必须运用自己的前额叶皮质，这个大脑区域负责控制执行功能，如批判性思维、组织、计划、判断和解决问题等。

在我们讨论如何使自己回到平衡状态之前，让我们先探索隐藏在我们外表之下的恐惧和缺陷，正是这些东西把自己伪装成一种威胁。

- 找出你最大的触发因素 -

克服你在压力时刻的触发因素的第一步，是确定触发本身的原因。如果跳过这一步而直接个事个办，可能会给你带来一时的解脱，但它不会带来真正的、持久的改变。一旦你能确定每个触发因素的来源，你就可以步步为营，治愈这些创伤。这是觉醒式育儿的一个基本步骤：审视内心，反思触发因素的根源，以及你可以通过做什么来向前迈进。下面让我们来探讨一下儿童的一些典型行为，这些行为会触发父母的强烈感受。

哭闹和牢骚

孩子高音调的牢骚哼唧或无休止的哭闹都会让人心烦，尤其是对情绪表现敏感的父母。哭声可能会引发抚育和安抚的欲望，但当你的孩子无法被安抚或对此加以拒绝时，这可能迅速升级为无助感。当我们陷入绝望的深渊时，我们可能会屈服于孩子的要求，以停止这种哭闹行为。

不幸的是，当我们对哭泣或牢骚报以默许时，我们正在传达给孩子的含义是，这种挑战行为可以带来他们所期望的结果。为了在父母和孩子之间建立健康的沟通方式，就势必要打破这种习惯。

攻击性行为

发脾气、打架、扔东西和抢玩具都是常见的对抗行为。这些行为，特别是在社交场合，会引发我们对被污名化的担忧。许多家长最担心的问题之一是他们的孩子不能与他人融洽相处。任何认为孩子以反社会方式行事，特别是以别人可能认为不正常或伤害性的方式行事的看法，都可能引发父母强烈的羞耻感和不认同感。

这种蒙羞感和社会性焦虑可能会影响我们的教养工作。我们可能觉得，确保我们的孩子正确互动的最快速可靠的方法，就是对他们大喊大叫，让他们停止这种行为，按下暂停键，以便他们平静下来，奖励他们的积极行为，或者通过剥夺玩具或电视时间来惩罚他们。

如果我们对此极度绝望，我们可能会开始保留自己对孩子的爱和亲情，以试图改变他们的行为。如果我们不承认我们根深蒂固的恐惧，我们可能会陷入对攻击性行为作出过度反应的习惯，或切断与孩子的积极联系，而这只会使这些行为愈演愈烈。

不尊重的行为

粗鲁和不尊重的行为对许多父母来说是一个巨大的触发因素，对我亦然。顶嘴、翻白眼、骂人，以及那声让父母们吃尽苦头的"不"，这些行为，也只是孩子作出的能让我们气到拔自己头发，或是只能躲在浴室里偷偷哭泣的行为中的一小部分而已。这类行为往往使我们感到自己被轻视了。它们让我们的自我意识感到威胁，并挑战我们身为父母的权威。它们驱使我们想要夺回自己的权力。

家长们觉得自己一直在为孩子们付出自己的全部，所以当他们用尖酸刻薄的话语来回应我们时，可能会引发过度的反应，导致怨恨。

然而，如果我们确认触发因素本身，并确定我们为什么感到被触发，我们就可以避开家庭权力斗争，直接深入了解导致孩子不尊重行为的原因。

不听话

没有什么比你的孩子不听你的话，破坏你的规则，或者无视你说的话更让人生气了。当孩子不听话的时候，你可能会问自己以下问题：如果孩子在我们的关系中掌握了主动，我还能剩下什么？在无法实施控制的情况下，我怎么维持家里的秩序？如果我没有得到孩子们的尊重，我怎么能成为一个有权威的父母？感觉到权力的丧失是一颗难以吞咽的苦果，尤其是当我们觉得权力已经移交给了孩子的时候。

不管是出于自负感还是脆弱感，觉得自己在家庭中的地位受到威胁的父母，可能会通过唠叨或大喊大叫来回应挑战，以努力迫使对方服从。这些所谓"技能"弊大于利，可能会使父母与子女彼此孤立，或挑起双方的意志之争。正如你在后文所看到的，大多数不听话行为并不是出于坏心眼。孩子通常是试图借此传递更深层次的信息，如果你反应过激，就不太可能清楚接收到这些信息。

感到失败

大多数父母都对孩子抱有期望：他们该如何行动和说话，他们在学业上的表现如何棒，他们将有多少朋友，有时甚至包括他们的兴趣和天赋应该是什么。当我们为孩子设定不切实际的过高期望时，我们更有可能感到挫败。当孩子没有达到我们的期望时，我们对失败的恐惧就会被触发。当我们认为孩子是我们自身的复制品时，养育孩子会成为艰巨的任务。我们会认为他们的成功就是我们的成功，而他们的失败就是我们的失败。

当我们认为自己的孩子失败了，可能会有以下反应："我的孩子不会这样的""如果我的孩子不成功，我就是一个失败者""如果她成绩不好，怎么能进入好学校？""其他人会怎么看我？""作为父母，我不能允许自己失败"。这些对你所认为的"孩子的失败"产生的非理性反应，只会给孩子带来压力，而这并不公平，并且这种类型的压力会导致更多的消极行为。

– 当你感到被触怒时，该怎么做 –

现在，我们已经探讨了什么是触发因素，它们来自何方，以及为什么我们可能会与它们不期而遇。接下来，让我们深入探讨一些实用技能，以此来面对这些触发因素，并从聚焦于孩子的行为转为专注自身，这样你就能以平和的姿态教导你的孩子。

多巴胺和血清素是大脑中的化学物质，有助于稳定我们的情绪，通常使我们保持心态快乐和平稳。当我们放松和平静时，我们体内这些化学物质的水平处于平衡状态。在有压力时，多巴胺和血清素水平下降，以使生存模式启动。当你感到被触发时，要使自己恢复平静和集中注意力，关键是尽可能鼓励这些化学物质的产生。

当你想尖叫的时候

如果你发现自己声调开始拔高，先暂停一下，做个深腹式呼吸，这将使你进入一个更理智、更专注的状态。把手放在腹部，用鼻子吸气，慢慢地吸，直到你用尽可能多的气息充满你的身体。

让你的呼吸在喉咙后面停留一瞬间，然后慢慢地通过你的嘴呼出来。

你可能必须这样多做几次，才能开始感觉到自己放松。确保你的腹部在每次吸气时都在张开。这种类型的呼吸需要练习。

请记住，可以等到你能在不对孩子大喊大叫的情况下进行沟通后再继续本课程。

为什么这样做能奏效？因为当你的情绪失控时，你会重温恐惧或不自信的感觉，可能会被诱导而作出错误反应。当你深呼吸时，氧气会冲击你的大脑，刺激它重新开始分泌多巴胺和血清素，从而起到快速镇定的效果。当我们处于平静状态时，我们的情绪就会退居次要位置，这样我们就能再次按逻辑行事。

当你开始和孩子谈条件

我们尽力以健康的方式与孩子沟通。但有时要抚平我们的沮丧或平息我们的愤怒实在太难了，于是我们开始与他们讨价还价。你一个不留心，就已经陷入了一场和你 5 岁孩子的全面谈判。

以惩罚或奖励作为交换条件是迫使孩子顺从与合作的最后一次绝望尝试。其实，在你陷入这场权力斗争之前，最好的办法是放下争执，一走了之。你可能会觉得自己是在投降或默许，或者觉得自己这样做便已经输了一筹，但请记住：问题的关键不是要赢过你的孩子，而是按下重置按钮，防止自己被卷入争斗。走开也无妨，你的孩子会没事的。你得向他们表明，你也是个普通人，有时候需要留给自己一点空间来维持健康沟通，这么做是值得的。

当你不再头脑发热，而是思路清晰时，再来重新审视局面吧。

当你假定孩子意图消极时

我们如何看待孩子行为背后的意图，直接影响到我们对他们的反应。如果我们认为孩子故意使坏、卑鄙、令人沮丧或烦人，我们就是在假定消极的意图。这会使我们陷入消极状态，并对前景抱持消极态度。

相反，如果我们认识到孩子的行为是为了满足某种特定的需要，我们就可以假定他们有积极的意图，并以更积极、更有建设性的方式与孩子沟通。

当你觉得自己开始给孩子安上消极的意图时，暂停一下，问问自己为什么。问问自己："如果我是一个孩子，我为什么要_____？"花点时间从孩子的角度思考一下情况，可以帮助你理解孩子的想法。一旦你给孩子的行为赋予积极的意图，你就可以开始更冷静和抱持尊重地与他们进行沟通。

当你失去冷静时

你会时不时地失去冷静，不过不必过于自责，我们都是如此。但是，当我们的孩子被类似形势所逼时，他们并不会记得我们失去控制的时刻，而是会想起我们如何解决这些问题。如果你失去了镇定，可以过一段时间再说。一旦你觉得自己足够平静了，就可以找你的孩子并这样说：

重新审视："我知道我们之前的沟通很困难。"平静地开始讨论。因为你迈出了第一步，你的孩子会更乐于谈论冲突。

认可："我当时很不高兴，你也是，所以我们可能说了一些并非我们本意的话。"在不羞辱任何一方的情况下，承认先前的言论和行为。你对自己的言行负责，才能教导你的孩子对他的言行负责。

修复："让我们再试一次吧。"把过去发生的揭开，尽力修复受损的关系。

如果你的孩子还不回应，你可以说："我知道你仍然很难过，可能你还没有准备好谈论这个问题。我想让你知道我爱你，只要你准备好了，我就在这里等你。"让你的孩子按她自己的节奏来选择何时接近你。

当你想责备你的孩子时

在情绪激动时，你可能会想指责你的孩子。此时请记住，不良行为其实是一种沟通的尝试，或是一种心智发育的仪式。

即使孩子们确实行为不当，指责他们也是徒劳无功的。

在高度紧绷的情况下，当你感觉深呼吸不管用时，可以停下来，有节奏地慢慢从"1"数到"10"。数数的时候，应该感觉像在你脑海中进行缓慢而稳定的吟诵。这样做迫使你在说出可能事后后悔的话语之前，留出一点余地来聚拢思路。

为什么这样做能奏效？有节奏的数数会促使你的大脑开始产生多巴胺和血清素，使你平静下来。一旦你数完了，达到了比较放松的状态，你和你的孩子也自然有了稍缓片刻的余地，免得过激反应进一步破坏你们的关系。现在你可以用一种倍加有利于成长、学习和尊重的方式进行沟通。更多的时候，你会发现原来的冲突在你数数的时候就已经化于无形了。一旦这股混乱不安的心绪平息下来，你的理性思维就会让你明白，把责任推给一个孩子是多么荒谬。

当你感到羞愧或内疚时

与孩子的冲突可能会引发深深的内疚或羞耻感。孩子的不良行为会使我们感到自己是失败者，这使我们陷入自我怀疑或自我厌恶的旋涡无法自拔。

当你开始陷入这种状态时，试着通过播放一些音乐来分散你的注意力。一旦你恢复平静，就能重新审视冲突。

为什么这样做能奏效？当你听音乐时，你的整个大脑会呈现快乐的情绪。音乐能增强控制理性思维的前额叶的功能。它还能刺激颞叶，后者也被称为大脑的语言中心，从而提高沟通能力。就像我们探讨的其他技能一样，音乐能刺激大脑中多巴胺的分泌。它还有助于降低你的血压，减缓你的心率，从而减少压力。听音乐可以把你从羞愧感的恶性循环中拉出来，让你更清晰地思考。

当你想要说教时

当我们对孩子的不服从或不顺从感到特别沮丧时，我们可能会反复唠叨、责骂和说教，希望这样能促使他们服从我们。

但对孩子说教会导致怨恨和防卫感。严厉地指出他们的错误行为让他们感到羞耻，并使他们觉得自己好像很坏。这种方法在帮助孩子习得适当的行为方面可谓适得其反，因为它关闭了他们大脑的学习中心。在这些时刻，拉近与孩子距离的更有效的方法是提出前瞻性的问题。以下是几个例子："你怎样才能防止这种情况再次发生？""下次你怎么能记得带书呢？""我能做些什么来帮你感觉好些呢？"

为什么这样做能奏效？在与我们的孩子沟通时，我们经常问一些关注过去的问题："你为什么不做作业？"或"你怎么能把图书馆的书忘在家里？"这些问题聚焦于过去，把我们直接带回起点——令人羞愧之处。而前瞻性的问题能与你的孩子建立一条开放的沟通渠道，并通过征求他们的意见来化解局面。

「准则」

我是否感到威胁或尴尬？我很安全。

我是否感到被看轻或像个失败者？我是有价值的。

深吸一口气，从"1"数到"10"。

失去冷静也没关系，我毕竟是人不是神。

但当我失去冷静的时候，我会记得重新审视局面并加以修复。

「 要点重述 」

常见的情绪触发因素
- 尴尬
- 无助
- 失败感
- 失去控制的威胁感
- ……

使我们失去冷静

大脑的前额叶皮质控制着批判性思维、判断和解决问题的能力

影响我们的判断，启动战逃反应，阻断理性的决策

当战逃反应启动时，多巴胺和血清素（大脑中的激素，产生平静、情绪稳定与和谐感）的分泌就被阻断了

当失去冷静的时候，父母要重新审视情况，通过承认错误来修复关系

家长要做的

★ 腹式呼吸、慢慢数数、听音乐、问一些前瞻性的问题以及假定积极意图，是在冲突中保持冷静的有效方法

「反思」

▶ 你最大的触发因素是什么？

_____

_____

_____

_____

_____

▶ 在什么情况下，你最容易被触发？

_____

_____

_____

_____

_____

▶ 哪种镇定技巧最能引起你的共鸣，为什么？

_____

_____

_____

_____

_____

第二节　理解孩子的行为

　　本小节概述了儿童的发展阶段，以及每个阶段的常见不良行为，以帮助你在更大的发育背景下审视你孩子的行为。你将了解错误行为的概念，以重新认识通常所认为的不良行为。你将看到执行功能技巧如何影响教养，而你要如何帮孩子示范这些技能。当你的孩子正在发脾气的时候，要客观地评估他的行为并不容易，但在你尝试其他方法之前，准确的评估是很重要的。你还可以试着使用一些工具，以帮你评估孩子为什么会有某种行为。

「自查」

　　在你与孩子接触之前，先问问自己：我冷静吗？我是否感到慌乱或沮丧？如果是这样，没关系，回到前文，达到正念水平，这样你才能做好万全准备，妥善地与你的孩子接触沟通。

　　如果你感觉自己已经心念集中，那我们就继续吧。

- 不良行为和错误行为 -

　　不良行为和错误行为之间有一个重要的差异。了解这种差异对我们自己的觉醒式育儿之旅非常有帮助。看看是什么在驱动孩子的消极行为，可以让你以一种不同的心态来接近孩子。

儿童早期教育家丹·加特莱博士解释说，把不良行为视为错误行为，可以让我们不去假定孩子有消极的意图。

我们可以尝试把不良行为视为 "可能导致或促成冲突的判断错误"，而不是一种性格缺陷。当我们提醒自己，孩子们犯错是因为他们还有很多东西要学，我们就可以更加耐心并更加理解他们。

这种语义上的区分很重要，因为我们的心态决定了我们如何解释和应对孩子的行为。理解不良行为和错误行为之间的微妙区别，对于帮助我们转变观点至关重要。下表总结了不良行为和错误行为的主要区别。

不良行为	错误行为
行为的驱动力是伤害别人或让别人失望的欲望。	行为的驱动力是希望更好地驾驭世界。
我们被引导作出评判，并给孩子贴上坏的标签。	不作评判——我们理解孩子还在成长中。
我们很容易变得不知所措，并感到沮丧。	我们被引导成为有同情心和怜悯心的人。
我们事后会对自己的言行后悔。	我们有耐心、宽容、善解人意。
为了让孩子们安分守己，我们不得不采取惩罚措施。	我们被引导去教会孩子一种有助于未来成功的技能。

无论孩子是 2 岁还是 16 岁，他仍然在探索这个世界和它的运作方式。如果我们把他的行为看作是坏事，我们就会把他的意图解

释为恶意。如果我们把驱动孩子行为的意图解释为恶意的，我们就更有可能在情绪上受到触发，而这种心态不会产生任何建设性的效果。

儿童表现出挑战性的行为，因为这就是他们学习的方式。我们无法也不该控制这个变量，因为这是一条通往健全发育的路。

我们唯一能控制的，就是我们从这些行为出发能有什么收获。问自己以下问题，以保持对目标的关注：我怎样才能帮助我的孩子向前迈进？我可以教给孩子什么技能，使他在下次遭遇同样情况时能够采取不同的行动？为了方便起见，本书将挑战性行为称为"不良行为"，但我并不是用这个词来指称这种挑战性行为就是坏的。同样，儿童的困难行为是由判断的错误及其正在进行的学习驱动的。

现在我们了解到，儿童表现出不良行为是为了自身成长、探索和发现周围的世界，下面让我们看看每个发展阶段有哪些常见不良行为。

– 常见不良行为有哪些 –

每个发展阶段下所列的不良行为只是一般性的参考。许多行为可以跨不同阶段出现，但我试图将每种行为与它最普遍的年龄组相匹配。儿童的发育速度也各不相同，所以它并非放之四海而皆准。一定要咨询儿科医生或专家，以确定你的孩子是否在一些特定领域有发育延迟或需要一些额外支持。

幼儿的不良行为（1—3 岁）

你有没有尝试过学习一门新的语言？你是否记得那段过渡时期，你零零星星认识一些单词，但仍然要挖空心思从你的母语中把意思翻译出来？这个过程需要时间和努力，而且常常令人沮丧。

现在，想象一下：当你对这门新语言越来越熟悉和流畅时，你的脚趾被沙发角绊了一下，这让你忍不住惨叫。

你认为你叫的时候会用新学的语言还是你的母语？你可能会默认选择你更自然且不费力的语言。为什么呢？当我们的身体受到威胁时，我们就会进入最原始的战逃模式。在这些时刻，我们只关心生存问题，将无法使用大脑中控制批判性思维或检索新信息的那部分。

相反，这时我们能用的是在脑海里刻得最深，因此也是最容易获取的信息：我们的自然存在状态。

对幼儿来说，口头语言就像第二语言，他们的第一语言是肢体语言。从在母亲子宫里的时候起，他们就用自己的身体进行交流。婴儿时期，他们通过哭闹、挣扎、扭动来传递他们的需求。当他们吃完奶后，就会推开奶瓶或母亲的乳房。当他们准备要抱抱时，他们就会挥舞手臂。

在世界各地的许多儿童早教教室里，教师使用一种被称为 "全身反应法"（TPR）的技术，通过语言和身体活动同时向幼儿传授语言技能。

TPR 是由圣何塞大学的心理学教授詹姆士·阿歇尔开发的，由于身体运动和儿童早期的语言发展之间有着紧密的联系，因此

TPR 非常有效。它支持这样的观点：孩子的早期发育主要以身体为中心。

这意味着，当蹒跚学步的幼儿对你或他的同伴使用身体攻击时，他很可能是感觉到了威胁、困扰或其他方面的不适，使他自然回到身体交流状态中。

以下是幼儿的常见不良行为，这些行为源于幼儿想要传达他的不安和联系的愿望，并试图主张自己的权利和需要。

抓、咬

虽然接到幼儿园打来的电话说你的孩子咬了别人，这让人很不高兴，但请放心，在这个发展阶段，这完全是正常的。发生咬人或抓人的原因有几个。

一种可能性是你的孩子正在长牙。咬合有助于缓解牙龈的不适和疼痛。此外，幼儿用他们的嘴来探索和发现他们周围的世界。这就是为什么我们经常看到他们舔和吮各种物体，还把东西塞进嘴里。

这个年龄段的儿童语言能力有限（如果有的话），所以要从他们周围的人那里得到回应，最简单和最有效的方法就是咬或抓。

抢夺东西

他们这样做时仿佛在说："看着我，关注我"或"我不喜欢这样"。一个年幼的孩子可能会抢夺同伴的东西，因为他现在就想得到它。幼儿是极其以自我为中心的，他们的自然本能是确保他们得到他们想要的东西。同理心并不是自然产生的，必须通过解决冲突的方式加以长期教育和引导。

幼儿还在学习社会规范，学会开口要玩具并不是自然而然就会发生的。必须训练他们用语言来代替肢体行为，而这需要照顾者的时间和耐心。同时，只要这还是最有效的方式，你的孩子就会继续抢夺玩具。

在语言发展的背景下，一些幼儿还会从他们的同龄人那里抢夺东西，以发起社会互动。处于这个发展阶段的儿童可能不完全理解社会上可接受的建立关系的方式，但他们有一种内驱力来进行人际联系。他们很快就会发现，当他们从朋友那里抢到一个玩具时，就会得到他们所寻求的社会互动。因为他们从别人的某种反应中得到了回报，所以他们会一做再做。

幼儿发脾气的原因与他们逃离你的原因相同：主张控制权和自主权。

随着儿童从婴儿期进一步发展，他们会吸收学习在周围世界看到的一切。

根据哈佛大学儿童发展中心的研究，"在生命的最初几年，每秒钟有超过100万个新的神经连接形成"。这个数字根据儿童受到的刺激程度，或他看到、听到和经历的丰富程度而有所增减。换句话说，通过观察世界，你的孩子正在认识到，他有能力作出选择并控制自己。

在这个阶段，控制和获得自主权的欲望是压倒性的，逃跑或自己摔倒在地的行为会得到你的快速响应。儿童最大的愿望是与照顾者建立联系，他会尽可能容易和迅速地达成这一点。

学龄前儿童的不良行为（3—5 岁）

到了这个年龄，儿童的语言和口语发展日益复杂。他们的认知发展如此之快以至于身体都快跟不上了。到学龄前末期，大多数儿童可以用语言表达他们的需求，而由生存本能驱动的攻击性行为，如咬人和抓人则有所减少。

然而，即使儿童已经发展了口头语言技能，他们在发现自己处于精神紧张的情况下，仍会诉诸身体攻击。

发生这种情况是因为他们仍然有一种根深蒂固的本能，即用他们的身体来应对不安的时刻。随着他们长大，这种情况很可能会减少，但当儿童感到特别受到威胁、不安全或心神不定时，这种情况可能仍会持续。

推打

当学龄前儿童感受到威胁时，他的身体攻击性反应可能会采取推或打的形式，而不是咬人。到 3 岁时，大多数幼儿变得更加注重触觉，开始用手探索世界或对刺激作出反应。推人或打人可以作为一种防御机制，也可以作为启动与同伴接触和互动的方式。

几年前，我的班里有一个 4 岁的孩子，当时他刚从俄罗斯搬到佛罗里达。他能说一口流利的俄语，在语言表达方面也很强。但他不懂英语，当他周围的人都在说英语时，他就会变得很沮丧。遇到窘迫的时刻，他就或推或打而不说话，因为他没有能力与其他孩子沟通。在玩耍的时候，他与周围的孩子们建立联系的强烈愿望也促使他推搡别人。随着时间的推移，因为接受指导和对英语的逐渐掌握，他的身体响应逐渐减少，直到被语言响应完全取代。

当学龄前儿童无法使用语言进行交流时，无论是在不高兴的时候还是在玩耍的时候，他都可能会重新用身体来交流。这是很正常的，也是符合发展规律的。

试探底线

我曾在许多学前班的教室里待过。违抗性的上升是 4 岁儿童和 2 岁儿童相比，在课堂上所表现出来的行为的主要区别。2 岁的孩子会在你告诉他们吃完零食后自己清理座位下面时拉住你的手。他们为取悦你而感到高兴，而违抗你还不是一个选项。

但是在 3 岁左右，孩子身上发生了一些变化，常常让父母不知所措。突然间，你的孩子会直视着你的脸说"不"。他双手一叉，毫不妥协，使你不禁要问，你那天使般的宝贝去哪里了？

这是这个年龄段儿童的典型蜕变。

他们已经从周遭的世界获得了足够多的经历，明白他们有自己的欲望、期望和计划。他们可能会朝我们吐舌头，因为他们不想听我们说什么。他们正在试探你的底线，看看会发生什么。这让他们感觉很自由，并促使他们走向独立。

牢骚

有很多原因会促使孩子诉诸牢骚和抱怨。他们可能是累了、饿了、沮丧了，或者只是厌倦了要装得像一个大孩子。幼儿正试图弄清如何在这个世界上生存，因为这世界对他们来说仍然是如此的新鲜。他们可能只是需要你的关注，而科学已经证明，高声抱怨是获得关注的有效途径。

在罗斯玛丽·索科尔·张和尼古拉斯·S. 汤普森于 2010 年进行

的一项研究中，研究者对一组成年人用两种不同的声音读故事：一种是儿童发牢骚的声音，另一种是中性的声音。

当这些成年人听故事时，研究者"会监测他们的皮肤电反应、心率和血压。根据 4 项测试，与作为对照的中性语言片段相比，参与者更多地关注抱怨，对儿童导向语言则次之"。

这项研究表明，儿童的抱怨声能比中性语调更有效地引起照顾者的注意。

尽管可能很烦人，但抱怨是孩子们让自己的需求得到满足的一种非常典型的方式。

学龄儿童的不良行为（6—12 岁）

随着幼儿的成熟，他们的行为会发生显著变化。但是大一点的孩子仍然关心如何取悦我们，如何与朋友家人联系，如何创造和维持人际关系，以及如何发展他们的个性和自主性。所有这些深层的欲望都会持续到成年。

在整个儿童发展过程中，发生变化的是儿童如何对刺激作出反应，驾驭逆境，并保护自己免受威胁和伤害。我对接下来的行为的解释会更加简洁，因为学龄儿童有更强的能力来口头表达他们为什么会有这样的行为。

为什么有的孩子"输不起"

学龄儿童在参加游戏或运动时经常表现出糟糕的体育道德。如果孩子一输掉棋类游戏就冲出房间，大哭大闹，与之互动会让人感到沮丧。

这不仅让参与其中的每个人都备感压力，而且对父母当中那些想象自己的孩子长大后会成为运动健将的人来说，也是一种极大的刺激。一个对失败表现出极端反应的孩子可能是感到不安全。对自己的成就和天赋有把握的孩子一般都很有风度，不会有输不起的感觉。

叛逆

叛逆行为可能包括破坏规则、翻白眼等。这类行为贯穿于孩子发展的每一个阶段。随着儿童长大、成熟，他们对独立的渴望也更强了。

实现目标、建立关系、探索世界是每个人的欲望。孩子的欲望可能会使他们对我们作出叛逆的反应，因为他们想作出自己的选择，过自己的生活。

另外，有时学龄儿童变得叛逆，意图是传达潜在的挫折感或情绪困扰。因为我们为他们创造了一个安全的避风港，他们可能会通过叛逆来释放他们心中所抱有的任何不安。尽管面对叛逆的孩子很有挑战性，但如果你已经成功地营造了一种温暖和支持的家庭文化，叛逆实际上可能表明你的孩子将你视为他的安全港，他觉得可以自由地表达任何不满。

霸凌

我对我孩子最大的期望，甚至在他们出生之前，就是希望他们永远对他人友善。

我曾说："我宁愿我的孩子被欺负，也不愿意他当欺负者。"大多数父母发现他们的孩子表现出霸凌行为时，会感到悲伤和失望，这很可能会引发失败感和窘迫感。

但是，让我们先把自己的感受放在一边，试着深入了解一下。

为什么孩子们会欺负人？答案很简单（尽管解决方案可能并不简单）：恃强凌弱的孩子通常有一种深层的欲望，即积极地与他人联系。

当孩子想要联系的愿望没有得到满足时，他会用任何方式来加以弥补。通常情况下，其结果是通过攻击或伤害另一个人来建立消极的联系。

正如励志演讲者威尔·鲍文所说："受伤者亦伤人。"

青少年的不良行为（13—19 岁）

养育青少年是极具挑战性的。尽管你在努力帮助他们发展自己的人格，实现自己的目标，并驾驭复杂的关系，但大量的荷尔蒙往往会使他们身不由己。

就在你觉得已经达成妥协或获得成功时，青少年的挑战性行为突然一变，让你觉得又回到了起点。这条反复无常、进进退退的前行之路会让人感到徒劳无功。但请记住，在符合发展年龄的情况下，许多这些挑战性行为是正常的。

说谎

撒谎的驱动动机通常是直截了当的，尽管令人沮丧。青少年撒谎是因为他们对独立和自由有强烈的追求。当他们没有自由做自己想做的事时，他们可能会直接撒谎。

大一点的孩子也可能为了避免做错事受到惩罚而撒谎。他们缺乏判断力，认为撒谎的后果并不比原先更糟。

换句话说，他们宁愿冒着风险，谎称自己在朋友家，这样他们就不会因为去参加聚会而惹上麻烦。他们的大脑还在发育，这使他们看不到这样一个事实：去参加聚会（并为此撒谎）的后果实际上可能更糟。

相反，青少年也可能完全意识到自己行为的潜在后果，但糟糕的判断力和高度的冲动性促使他们押宝认为他们可能能够骗过他们的父母而不承担后果。

争辩或反驳

这两种行为源于对自由的相同渴望。

青少年想要得到他们所想要的，任何妨碍他们的事物都会让他们产生挫折感，这种渴望让你教他们的那些尊重他人的沟通方式黯然失色。

喜怒无常和我行我素

喜怒无常可以归结为两个不同的原因。第一个是对独立和空间的渴望。你的期望可能会妨碍你孩子的打算，而他则报以恼怒。第二个原因是在他的激素助推之下，情绪可能会忽冷忽热，这增加了你的挫败感。

根据"哈佛健康博客"所说，在青春期，青少年的大脑会分泌大量的肾上腺压力激素、性激素和生长激素。这种激素分泌对青少年的大脑发育有显著影响。这些激素影响边缘系统和中缝核，后者是血清素这种负责调节情绪的化学物质的直接来源。这种激素分泌的变化意味着青少年要不断努力调节自己的情绪。

情感疏离或愤怒

这两种看似相反的行为其实是一枚硬币的两面。当青少年遇到挫折、同伴冲突或感情纠葛时，或者当他们感到被误解或不知所措时，他们会回归生存模式。

顾名思义，战逃模式下"非战即逃"的冲动有两种方式发挥作用。在战斗模式下，青少年会表现出愤怒、攻击性行为。而在逃跑模式下，他们会退缩并表现出情感疏离。控制情绪调节的同一类激素也会导致青少年出现强烈的情绪反应，如愤怒、狂暴和退缩。大脑中释放的大量激素导致了与这个年龄段儿童相关的情绪波动性。

这个常见行为指南是为了帮助、引导你理解，并提醒你具有挑战性的行为通常是符合发展规律的。一旦明白了这一点，你就该努力成为孩子的避风港，这样你们就可以朝着成功的方向共同努力，而不会过度反应或试图控制这些行为。

– 帮孩子调节情绪 –

我们都听说过 "心态决定一切"和"狭路相逢冷静者胜"之类的陈词滥调。这些表述很常见，因为我们在情绪化时作出的决定是错误的，往往是灾难性的。觉醒式育儿的一个重要部分是驾驭我们执行功能技巧的力量，这可以帮助我们评估和缓和与孩子的冲突。

什么是执行功能

哈佛大学儿童发展中心将执行功能定义为"使我们能够计划、集中注意力、记住指令和成功处理多项任务的心理过程"。执行功能就像一个空中交通管制员一样，我们的大脑需要它来保持专注，实行自我控制，并达成目标。它随着时间的推移进行微调，以帮助我们成为健全而有生产力的人。

执行功能技巧是我们大脑前额叶皮质部分运用的一组认知过程，或者说，其与我们在战逃模式中使用的技巧截然相反。这组技能的很大部分是调节情绪的能力，挖掘我们的执行功能技巧，使我们能够以健康的方式应对压力和情绪状况。

所有年龄段的儿童都处于发展执行技巧的过程中。有些儿童在执行功能发展方面比其他人更挣扎。在执行功能方面遇到困难的儿童不仅在学业上受到影响，而且在社会和情感互动方面也会遭遇困难。

下表概括了执行功能技巧的三个类别、每个类别的定义，以及对尚未掌握每种技巧儿童的行为影响。

	工作记忆	认知灵活性	抑制控制
定义	保留信息，同时将其与新的经验联系起来的能力。	在不同的任务之间转换，以及理解他人观点的能力。	控制冲动，言行适当的能力。
行为影响	孩子不能够借鉴过去的经验，以决定在特定情况或冲突中什么行为是适当的或可接受的。	孩子可能会大发脾气，因为他对日常作息的改变感到压力。这种孩子也可能难以与同龄人产生共情。	这种孩子可能会碰他不该碰的东西，在愤怒中伤害别人，在排队时推搡他人，不合时宜地傻里傻气，等等。

如果儿童需要发展执行功能技巧，以便能够应对压力情况，那么父母必须为他们营造一个有利的环境。

为执行功能奠定基础

为了发展执行功能，儿童需要有基于安全型依恋的关系，这种关系让他们有自由和空间来实践健康的情绪调节。

安全型依恋

从儿童出生的那天起，我们就与他们建立了基于信任的联系。随着他们的成长，他们会经历独立的时刻。儿童在这些分离时期的反应显示了儿童和照顾者之间形成了什么样的依恋类型。

当儿童感受到与照顾者之间的安全型依恋时，他们通常会迅速适应新的环境或情况。安全型依恋有助于儿童发展这些执行功能技巧。

安全型依恋是一个积极的反馈循环。例如，如果一个婴儿在他的摇篮里哭泣，父母会进入房间，抱起孩子，安抚他，并让他躺下。在这个例子中，父母并没有忽视哭声或手忙脚乱，而是镇定自若，深情地回应，然后离开。

当这种情况发生时，婴儿的大脑中会释放出一种激素，使他立即感到安慰和平静，这有助于建立健康的联系。这种纽带是互利的，因为照顾者也获得了安全型依恋，这也导致了同种激素在她的大脑中释放。

实现这种程度的安全型依恋有两个好处。第一，父母成为让人安心、安慰和保护的避风港。第二，父母能够更好地调节自己的情绪，使他们在遇到困难时能够更长时间地保持平静。

感受到安全型依恋的儿童通常会表现出以下特征：

▶ 愿意尝试新事物

▶ 更高的应对技巧

▶ 更少的焦虑

▶ 更善于建立和维持关系

▶ 强大的解决问题的能力

▶ 对痛苦的极端反应较少

▶ 有能力与父母分离

提供安全型依恋的基础是实现儿童和父母情绪调节的第一步。让我们测试一下我们自己的情绪调节能力，又该如何实现它。

情绪调节

当遇到有压力的情况时，我们可以立即开始与自身对话。

在这种内心对话中，我们回顾自己的生活经历，寻找解决方案，以帮助我们克服当前的局面。通过这样做，我们意识到我们可以处理这个问题，因为我们已经解决过类似的问题。即使我们从未经历过这种特殊情况，我们也知道自己有能力解决这个问题。

这种自我指导需要多年的练习，我们可以通过深呼吸、冥想、内省和其他练习来提高我们的自我调节能力。第一步是意识到我们的心理和情绪状态。

帮助孩子调节情绪

孩子还没有丰富的生活经验可以借鉴，所以我们的工作是帮助他们在困难面前树立健康的情绪调节模式。

孩子在学习如何应对压力情况时接受我们的暗示。他们倾听我们如何交谈。他们关注我们如何对待那些比我们不幸的人。他们观察我们如何与服务员互动，以及我们对交通拥堵的反应。

根据 S.E. 盖瑟科尔在《心理学和精神病学期刊》上的一项研究，幼儿没有能力通过内心对话来指导自己。

盖瑟科尔断言，儿童直到 7 岁才开始发展内心的声音或"语言思维"。大一点的儿童可能开始发展内心对话，但他们在紧张时可能很难运用这种技能。所有的儿童，无论他们的年龄大小，都希望我们在困难时刻成为帮助他们一同调节情绪的人。这份责任是巨大的。我们帮助他们驾驭情绪调节过程的方式将塑造他们未来的内心对话。

为了帮助我们的孩子克服困难的情绪，我们自己首先必须在情绪上进行调节。本书第三节和第四节提供了实现健康情绪调节的具体情景提示，以便你为你的孩子作出示范。

请记住，人无完人，没有人能够完美地控制自己的情绪。如果我们在情绪调节的过程中对自己过于苛刻，我们的孩子也会如法炮制。如果我们在克服困难的情绪时对自己释放善意，我们的孩子也会学会善待他们自己。

「准则」

我的孩子还在进步中，他需要我的指导。

这只是错误行为而不是不良行为——他还在学习。

我选择教导，而不是惩罚。

我将以展现优雅和自我宽恕的方式实现情绪调节，这将教会我的孩子如何善待自己。

「 要点重述 」

对独立
的渴望
(符合发展规律)

↓ 导致

所有年龄段的孩子都会表现出
具有 挑战性的行为

错误行为
(将孩子的挑战性行为视为错误
行为而不是不良行为，可以转变
我们的心态，改变我们对这种
行为的解释和反应)

不良行为
(大多数是符合发展规
律的)

面对压力

↓

幼儿的身体会作出反应，这是
幼儿和外界的主要交流方式

执行功能技巧的发展

★ 可实现健康的情绪调节
★ 让我们通过健康、善待自我的方式处理压力和困扰情绪，成为
孩子们的榜样和避风港

「反思」

▶ 你是否曾试图管教一个情绪失控的孩子？

_____

_____

_____

_____

_____

▶ 结果如何，你认为为什么会变成那样？

_____

_____

_____

_____

_____

▶ 读完本节后，你将如何以不同的方式处理这种情况？

_____

_____

_____

_____

_____

第三节　建立安全感

所有年龄段的儿童都可能因身体不适、情绪不安或感官过度刺激而表现出消极行为。情感和身体上的痛苦，以及其他感知到的威胁，会让儿童进入战逃模式。接下来的内容涵盖了源于这种生存刺激正反两面的具体行为以及建议的应对办法。你的目标是帮助孩子感到身体和情感上的安全。

如果你的孩子看起来饿了、累了、病了、受刺激过度了，或有其他明显的痛苦，这时就不要进行指示或提出要求。

「自查」

在开始阅读这一节之前，问问自己，你是否能够以一种平静的，情绪稳定的状态进行主导。

如果你还办不到，也没关系。花一点时间，重温一下前文概述的技巧。

– 应对身体攻击 –

表现出肢体冲突或碰撞行为的儿童是在寻找一种缺乏的安全感，这也是促使他们在第一时间行为不端的原因。所有的儿童都有苦恼时刻，这时他们会复归最初和最自然的语言——身体的表达、情绪的退缩，甚至完全崩溃。

虽然具有挑战性，但这些时刻所反映的正是儿童对沟通的尝试企图。当我们这样看待这些时刻时，我们就可以拨云见日。一旦你感到平静和踏实，就可以在指引孩子的问题行为的同时，帮助他完成挑战。

让我们来看看所有年龄段的儿童中最常见的身体攻击表现。我给出了真实的情景，以及如何以最恰当有效的方式作出回应。对每种情景，你需要在心里明白，你已立足自身，准备好以平和、镇定的方式处理这种情况。

尖叫

你 10 岁的女儿艾米从学校回家时很生气。她不停踩着脚，径直回到自己的房间，关上了门。当她出现时，你告诉她该轮到她摆桌子准备晚餐了，这是一项她通常都能轻松完成的任务。然而这次她开始尖叫："为什么总是我？为什么我是你唯一使唤来使唤去的人？这不公平！我讨厌你！你是全世界最糟糕的妈妈！"喊完后，她跑回自己的房间，把门重重地关上。

理解感知问题

有时我们的孩子可能会因为受到过度刺激而发怒。感官刺激是你用感官感知到的任何能激发神经元的东西，神经元再将信号发送到大脑。

所有年龄段的儿童每天都会接受成千上万的感官刺激。许多是他们首次处理的新刺激。这对大脑来说是一个繁重的工作，有时它会不适当地处理这些刺激。

当儿童被感官刺激淹没时，他可能在身体或情感上没有安全感，并可能表现出攻击性行为。在进行惩罚之前，你的目标应该是弄清楚孩子的感官需求是否得到了满足。这将帮助你找到造成这种行为的根源。

感觉处理障碍（SPD）指的是大脑难以整合感官信息的一种情况。患有 SPD 的儿童可能需要特定的适应和学习支持。如果你怀疑你的孩子有感官问题，请第一时间咨询专业人士。

你的第一本能可能是追着她进房间，用严肃的语气告诉她，以这种方式对你说话是绝对不允许的。你甚至可能开始质疑自己平时的教育："我怎么能养出一个会对她母亲那样说话的女儿呢？"你会发现自己正绞尽脑汁苦思冥想所有可以让她印象深刻的惩罚方式。毕竟，她是孩子，你是家长。她应该明白家里谁才是老大。

这种想法会不断升级，直到你的压力水平直冲天际。然而，你的关注点其实是错位的。你孩子的不良行为并不是真的与你有关，而是与她自己有关。

与其关注她的怒气爆发给你带来何种感受，不如暂停一下，深呼吸，然后从"1"数到"10"。一旦你冷静下来，可尝试以下技巧。

镜映

把孩子的感受、语言和肢体语言准确而具体地反映给他们，称为镜映。如果做得恰当，镜映可以营造一种认可、支持和理解的氛围，但这并不意味着你赞同孩子的行为。这种技巧最好用于你的孩子可能感到被误解，或者没有人理解她的情况下。

在你开始之前，请记住，现在不是教训人的时候。这是为了鼓励孩子健康的情绪表达和自我反省。

暂停：不要被孩子的"情绪过山车"牵着鼻子走。你是来帮助她渡过难关的，而不是和她一起喜怒无常的。

成为一面镜子：根据孩子的行为，一字不差地照搬照抄她的言行。要冷静、详细、具体。

说："你认为我总是在家里使唤你。你认为这不公平。你讨厌我。我是全世界最糟糕的妈妈。"

确保你的态度不是颐指气使或冷嘲热讽的。确保你没有传达出你认为她很可笑的意思。把她的话直接重复给她听，就像镜子反射出图像。

认可：问问你的孩子："我搞明白你对我说的了吗？"如果你的孩子给出肯定回答，继续下一步。如果她的回答是否定的，就再试一次。把她的肢体语言或行动也反映给她。

说："你狠狠地摔了门。你捏紧你的拳头。"然后再问她你重复得对不对。你可能要重复几次，她的态度才会温和下来，肯定地回答。

沟通：现在，你的孩子感觉到自己得到了认可和理解，她就更有可能透露出令她不安的更深层次根源所在。问她："还遇到了什么事吗？"如果你的孩子真正感到被倾听，她可能会说："是的。我的朋友们今天太差劲了，在课间休息时没有让我参加他们的游戏。"现在你已经找到了问题的症结所在，可以深入探究真正导致孩子不良行为的原因。

你完成了两个重要的目标：第一，你向孩子表明并传达了你会在她身边。你是她的避风港，她可以不假思索地投入你的怀抱。第二，你允许她有一个开放的沟通渠道来表达真正困扰她的东西。

一旦你确定孩子感到被倾听、被认可，情绪得到了调控，你就可以开始传达你的期望。当她乐于接受意见的时候，你可以说："我知道你在学校过得不好。你的朋友让你不高兴，所以你回到家，把这种不高兴转嫁到我身上。我会永远在你身边支持你的。但是对我大喊大叫是不对的。下一次，要说：'妈妈，我需要几分钟时间才能摆桌子，可以吗？'我会尽可能同意你的要求并且理解你的。"

吐口水

你3岁半的儿子正在游戏室的地板上玩儿小火车。你告诉他，现在是整理玩具、准备上床睡觉的时候了。他不理会你，继续玩。于是你手脚着地，跪在地上，看着他的眼睛，说："雅各布，是时候整理你的玩具了。现在！"雅各布马上眼泪汪汪的。他看着你，伸出舌头，直接一口水吐在你脸上。

对此，你绝对是怒不可遏。你从未想过孩子会朝你的脸上吐口水。他不再是个婴儿了，他已经3岁半了！还有他拿着的那辆玩具火车——这是谁给他买的生日礼物？是你！

暂停一下。缓一缓，不要让自己陷于愤怒之中无法自拔。记住，这不是关于你有多难过的问题。这是在教你的孩子今后可以运用的适当沟通技巧。深吸一口气，从"1"数到"10"。一旦你调节好了情绪，可尝试以下技巧。

正念描述

这类似于镜映，只是你没有把孩子的话重复给他听。相反，你有意描述他的行动，以及他为什么可能采取这些行动。这可以确保你的孩子能够接受你随后的纠正和期望。

以正念方式描述：确保你与你的孩子保持平视。看着他，用平静而清晰的声音回顾所发生的事情："你太喜欢玩你的火车了，以至于当我告诉你该整理了，你就发脾气了。"现在你的孩子在听你说话，因为你没有呵斥他。

设定限制：描述你孩子的消极行为和你对此的限制："你朝我吐口水，太恶心了！吐口水是不对的。"

教导：告诉你的孩子下次该怎么做："如果你现在还没准备好整理，就让我给你更多时间。可以说：'妈妈，我能有更多的时间吗？'"让你的孩子跟着你重复，以便他能在给定的语境中学习正确的措辞。

修复：提供一个补救的机会。可以说："现在我的脸还是湿的。请给我一张纸巾，这样我可以擦脸。"请注意，这种技巧对年幼的儿童极为有效。年龄较大的学龄儿童和青少年可能会对这种引导对话的方式感到厌烦。

咬人

你在厨房里做晚饭时，你4岁的女儿安娜跑进房间，捂着她的胳膊，痛苦地哭着。你问她怎么了，她向你展示了她小臂上一个完整的圆形幼儿牙印。

她解释说，她正在玩一个娃娃，而她2岁的弟弟乔希想要这个娃娃，并试图从她手中夺走它。她把玩具拽了回来，并告诉他，自己正在玩它。于是乔希弯下身子一口咬住她的小臂，所以她痛苦地尖叫起来。

大多数幼儿，特别是学步儿童的身体攻击行为，咬人往往发生在儿童的言语技能仍然缺乏的发展阶段。情急之下，乔希没有办法用语言向他的姐姐表达他想玩娃娃的愿望，所以他采用了他认为最有效的方式来实现他的目的。他咬了她一口。

尽管这种行为看起来令人挠头不已，但你在这里的目标不是让你的孩子感到羞耻，也不是让他们过多地注意到咬人是多么糟糕。相反，你应该要教会孩子用更健康的方式来表达自己的需求。

着眼于解决办法

在这样的情况下，问题的解决办法要考虑到两个方面。

首先，我们要教给乔希什么是同理心。我们希望他明白，他的行为如何伤害了另一个人，这应该有助于减少这种行为。第二，我们想让乔希用相应的话语表达他的需求和愿望。

让我们试着用下面这种方式来实现这两重目标。

聆听：首先接近安娜，以表明你在关心上述情景中受到伤害的孩子，并给她安抚。

分享感受：当着乔希的面，问安娜被乔希咬时有什么感觉。让她把这些话反复说给他听。

如果她很难想出这些话，就给她引导。这并不是一个测试。你可以这样说："安娜，告诉乔希，他咬你的时候，你很疼。"

提供解决办法：既然你已经安抚了安娜，并给予她精神上的支持，帮助她表达自己的痛苦，之后就可以来解决乔希的问题了。他咬了安娜，因为他不知道怎么用语言来表达他想和姐姐轮流玩娃娃的愿望。可以对他说："乔希，你想轮流玩娃娃吗？那你要对安娜说，'给我玩一下娃娃好吗，求你啦'。"这样，你可以引导两个孩子轮流玩娃娃。关键是他们感到自己被倾听，并感到安全。

两个孩子都学习了新的沟通技巧来帮助他们向前迈进。

身体攻击

你5岁的女儿苏菲在过去一个小时里一直在看电视，现在是洗澡的时候了。

你告诉她是时候关上电视了。她告诉你她还不想关，而你回应说她已经看得够久了。你关掉电视后，苏菲尖叫着打你的胳膊。她喘着粗气，你可以看出她怒气冲冲的。

设定期望

当涉及身体攻击时，在家里设定严格的期望是很重要的。在心平气和的时候，对你的孩子说说什么是尊重他人和他人可接受的行为。你甚至可以创建一个看得见的实体列表，以帮助孩子理解并记住你的期望。

一定要用积极的语言来说出这些期望。

在这个具体例子中，应该用"温柔触碰"这样的语言来教育孩子，而不是"不要打人"。当指示和期望是明确、简洁且易于遵循的时候，幼儿会更容易遵守。他们很难理解"不"和"不要"，因为太多的单词会造成混淆。

你所要做的是尽可能给他们提供必要的手段来取得成功，而使用积极的语言有助于他们取得成功。

留出空间：可以对苏菲说："你现在非常生气。我会一直坐在这里，直到你准备好和我谈谈。"如果你觉得她能听你的话，你可以鼓励她深呼吸，甚至放一些背景音乐，让她的血清素和多巴胺重新活跃起来。

苏菲表现出的肢体语言、攻击性和语气清楚地表明，她还无法运用她的执行功能技巧。就像你在心烦意乱时与孩子的互动是无效的一样，当你的孩子处于这种状态时，接近她也是适得其反。

观察：如果她之前一直在哭，她是否已经停止哭泣？她的身体放松了吗？她还在噘着嘴或交叉双臂吗？她和你是否有眼神接触？等她的身体放松，哭声渐止，就轻轻地靠近她，说："你一定很喜欢刚才那部动画片，所以我把电视关掉的时候，你很生气。"让她有几秒钟的时间来回应。她可能会点头，说"是"，或者无动于衷。如果她不听，就进行眼神接触。一旦她的眼神与你的眼神交汇，你就知道她在听。

设定限制："你生气的时候打了我。打人很疼的！哎哟！"坚定地说出这句话，但不要有太多的感情色彩，把它作为一个事实来陈述。

创建列表：如果你的家里已经有一个期望列表，可参考它。你们甚至可以一起看。如果你还没有列表，这就是和你的孩子坐下来一起定出列表的好机会。如果她亲身参与了这个过程，她就更有可能遵守准则。

教导：在你们开动脑筋，想出她下次如何更尊重和恰当地表达她的感受之前，不要结束你们的讨论。可以说："如果你生气，打人是不行的。你有什么方法可以告诉我你很生气而不伤到我呢？"大多数身体攻击性行为发生在儿童仍在发展和巩固其语言交流技能的年龄段。你可能已经注意到，随着儿童年龄的增长，他们的消极行为往往从身体攻击性转向情感退缩。

幼儿用身体表达自己是非常正常的，但如果你遇到大孩子或青少年的身体攻击或暴力倾向，还请向心理医生或医师寻求帮助。

— 应对退缩 —

随着年龄的增长，孩子日益成熟，他们通常会从生存模式的"战斗"一侧转向"逃跑"一侧。他们的情绪开始占据主导地位，更复杂的感觉，如尴尬、羞耻或内疚开始出现。这些情绪可能导致他们远离正面冲突而趋向退缩，或远离他人，断开情感联系。

所有儿童都会在某些时候退守进自己的小世界，尤其是在进入青春期后，并最终会持续到成年。

这种防御机制能帮助儿童在尽可能少经历痛苦的同时掌控生活。

在情绪极度动荡或感到苦恼不安的时候，我们想保护自己，不惜一切代价来保护我们脆弱的情绪状态。

根据简·克里斯托在《气质透视》（*Temperament Perspective*）一书中的说法：在研究儿童行为风格时，退缩可能在高度敏感的个体中更常见，这些个体对刺激有天生的高反应倾向，无论刺激是生理的、情绪的还是心理的。一个高度敏感的儿童可能会有更深刻的感受，更强烈的情绪反应，并有天生的同理心和同情心。如果你的孩子表现出这些特征，他可能更容易出现情感退缩。

回避眼神接触

当感到不安全或脆弱时，成人和儿童都可能避免眼神接触。当我们在训斥孩子，而他们拒绝进行眼神接触时，我们可能会把这看作是一种反抗的表现。

你正在工作。这时你听到你的两个孩子，13岁的萨姆和16岁的汉娜，在另一个房间里互相吼叫。当你进入客厅时，你看到萨姆神情低落。

你问发生了什么，萨姆哭着说他看到沙发上有一本书，就拿起来看了，没想到汉娜还没看完。当汉娜发现萨姆在看书时，她对他大喊大叫，说他是小偷，并从他手中抢走了书。

当你的儿子在告诉你情况时，汉娜双臂交叉站着。你看不到她的脸，因为她正看着地面，但她的嘴唇是噘着的。当萨姆继续讲述时，你看着汉娜并叫她的名字，但她拒绝与你对视，你甚至可能看到她在翻白眼。

你深吸一口气，以压制正在浮现的一丝恼怒。

汉娜回避你的眼神有很多原因：尴尬或羞愧、沮丧、恼怒，或希望完全避免冲突。这是练习前文讲过的镜映策略的最佳时机。

暂停：提醒自己，尽管你可能会因为汉娜对你的不尊重而被触怒，但这并不是你的问题。

以正念方式描述：根据孩子的行为，逐字逐句地反映他的言行。要冷静、详细、具体。在这种情况下，汉娜什么也没说，所以你不能重复她的话。

然而，你可以描述她的肢体语言和对你目光的回避。可以说："我看到你在避开我的目光。你两手抱胸，也不看我们。你一定是真的很恼火，而且你不想谈这个问题。"记住，这一点极其重要，你的声音中不应该有居高临下或嘲讽之意。确保你没有传达出你认为她很可笑的意思。把她的肢体语言直接重复给她听，就像镜子反射出图像。

认可：可以问："我是否理解了你向我传达的信息呢？"

如果她作出肯定的回答，很好。你可以进入下一个步骤了。如果她的回答是否定的，就再试一次。把她的肢体语言或行动再次反映给她。

可以说，"你弟弟拿走了你的书，而你还没看完，你很生气，所以你从他手里抢了书。"

沟通：现在，你的孩子感觉到自己得到了理解而不是否定，她就更有可能透露出令她不安的根源所在。问她："还有别的什么吗？"可能没有什么深层次的问题。如果是这样，那没问题。至少，你已经打破了她的退缩姿态。现在你可以帮助姐弟展开相互尊重的讨论。

如果你触及了更深层次的问题，那你便打开了沟通的渠道。因为你认可了汉娜的感受，所以她可能更愿意向你倾诉。也许这仍然需要时间，她不会马上有这种感觉。

但这仍然是一个很好的开始。

抗拒触摸

你在车库里整理一些箱子时，你12岁的女儿莎拉从你身边走过。

像往常一样，你想把她拉过来给个拥抱，但她的身体绷紧了。她说："别这样，爸！"然后扭头就走。

你顿时蒙了。她以前从来没有拒绝过你的身体亲密接触。你开始觉得自己变得情绪化了，所以你得停下来，从"1"数到"10"。

开放式沟通

如果没有什么明显的原因导致你们的关系出现上述情况，不要过度焦虑，可能过一段时间你们的关系就能恢复如初。但是，如果有刺激因素导致了这种疏远，你可以尝试通过开放式沟通来解决这个问题。

十几岁的孩子通常会从他们的父母那里收回感情，以表明他们的独立性。如果莎拉的情况是这样，很可能需要更多时间来解决问题。

此时最重要的是要记住尊重孩子的立场。你也希望她能控制自己的身体，知道如何与其他人互动，不是吗？

展开对话：走近她，说："莎拉，我注意到你刚才不想让我拥抱你，有什么原因吗？"

留出空间：给她时间来表达她的感受，不要评头论足。她可能会说："我已经大了，不适合拥抱。"或者说："我现在需要有自己的空间，爸爸。"

接受：无论哪种方式，都要确保你的回应是表示理解的。虽然你可能会心碎，但重要的是，你要传达你对她的身体和私人空间选择的尊重。

你希望你和孩子的关系建立在相互尊重对方边界的基础上，这样你就可以随时敞开心扉，迎接彼此身体亲近的机会出现。

躲藏

你6岁的儿子卡梅伦正在游戏室里玩耍。你小心翼翼地上楼，看看他一个人在房间里干什么。进房间一看，发现他把一篮子积木弄翻了，积木散落在地板上，到处都是。你这时一直在想，要把这些小积木从地毯的绒毛里捞出来得多么困难。这时你要深吸一口气，从"1"数到"10"。

你坐到卡梅伦旁边的地板上，说："卡梅伦，你现在需要捡起你的积木。"他看了看你，站起来，跑到衣柜里躲了起来。

赋予选择权

儿童内心深处渴望获得并保留尽可能多的个人权利和控制权，但他们在自然状态下并没有多少对事情的控制权。给予儿童两个积极的选择，对你们来说将是双赢。

你的孩子感到被赋予了权利，因为他可以选择下一步。而你则确保了两个可用的选项都会产生你所期望的结果，所以无论他选择什么，你都是赢家。

以正念方式描述：悄悄地、平静地，坐或站在卡梅伦藏身的衣柜外。隔着门说："我知道你躲在衣柜里，因为你不想捡起你的积木。"

设定限制：对他简明扼要地解释把积木留在地毯上的消极后果。可以说："我担心如果你把它们放在地板上，有人可能会伤到自己的脚，或者积木会弄丢。"

促使作出选择：提供两个选择，以使卡梅伦答应整理工作。例如，"卡梅伦，你可以做一个选择。要么你把积木堆成一个大塔，稍后再把塔放在篮子里，要么我们可以在你把积木放在篮子里的时候数数有多少块。我会帮你的。你的选择是什么？"

庆祝一下：一旦卡梅伦选择并完成了他的任务，一定要对他进行有意的表扬。说，"哇，卡梅伦！你之前不想收拾这些积木，但是看啊，你做到了！为卡梅伦点个赞！"要确保你只提供能带来你想要结果的选择。无论你的孩子选择什么，你都会得到你想要的结果。

爱哭

在你接孩子放学回家的路上，平时开朗的 5 岁女孩凯莉安静得反常。面对你的问题和兄弟姐妹的刺激和取笑，她的回应是眼泪和啜泣。

你一把车停在车道上，凯莉的大姐就推开她，好自己先下车。这种日常琐事把凯莉推到了崩溃边缘，她倒在地上号啕大哭。在接下来的 20 分钟里，她都悲痛欲绝，无法自拔。虽然你心疼她，因为她显然很难过，但你还是忍不住感到心烦意乱。这时请你深吸一口气，从 "1" 数到 "10"。

很明显，凯莉正经历着情绪上的不安，而且一眨眼工夫就被触发了。每当你试图与她讲道理时，她就会在绝望中越陷越深。

问题是，凯莉在为什么而苦恼，你又如何能帮助她解决这个问题？

安全空间

所谓安全空间是你家里的一个指定区域，用于反省和情绪调节。安全空间并不是加以美化的"暂停时间"，所以要注意不要简单地在孩子行为不当时把她往里一丢了之。

你的孩子应该以安全空间作为避风港。

安全空间是……	安全空间不是……
自发设立的舒适平和之地	美其名曰"暂停一下"，但只是作为一种惩罚手段
儿童可以选择去那里自我安慰和情绪调节	父母在极度紧张和沮丧时的最后手段

要确保你的孩子知道，当世界似乎分崩离析时，他们还可以到安全空间去。如果凯莉有一个安全空间，她可以利用这个空间按照自己的节奏来调节情绪。一旦她平静下来，你就可以问她在学校是否发生了令她不安的事情。

– 试试这个策略 –

没有一种技巧是万能的。这些建议可能只在某些时候才会起作用。儿童是多变的，他们的情绪也是如此。如果有人试图向你兜售所谓"保证让你的育儿难题迎刃而解"的万灵丹，请持怀疑态度。

如果你在为你的孩子建立安全感方面有困难，这里有一些额外的技巧可以供你尝试。

做错事就要承担后果

在苏菲因为关电视而打你胳膊的情景中，我们讨论了通过制定可视列表和使用积极话语在家中建立期望和限制的理念。如果下次苏菲在你想关电视的时候仍然打你，那就可以实施之前制定好的规则。

这些规则对应的后果应该是孩子行为的直接结果，所以它们是相关和有效的，而不是与行为无关的后果。

在这个具体情况下，合乎逻辑的后果是苏菲失去看电视的权利。你可以说："苏菲，如果你在我该关电视的时候老打我，那么你的身体动作就是告诉我你不能安全地看电视。明天，我不会为你打开电视，因为你在打我的时候并不是在安全地活动。"这样做是非常有效的，因为孩子能理解它们。因为后果符合行为的逻辑，并不是为了惩罚孩子而惩罚，所以孩子学到了关于责任和义务的宝贵一课。

给你的孩子一个武断的、不相关的惩罚，除了让她体会到无力感外，并没有教给她任何东西。

手把手教

如果年幼的孩子拒绝选择去打扫卫生，那么手把手教的技巧就很有效。当卡梅伦把他的积木倒在地上，躲在衣柜里时，你给了他选择，这让他能够行使他的自主权，发挥他的积极性。

如果卡梅伦继续拒绝整理积木，请尝试手把手教他。交流的内容可以是这样的：

你：卡梅伦，你可以做一个选择。要么你把积木堆成一个大塔，再把塔放在篮子里，要么可以在你把积木放在篮子里的时候数数有多少块。我会帮你的，咱们开始好不好？

卡梅伦：不要！

你：卡梅伦，我再问你一次，你选哪个？是堆积木还是数积木？

卡梅伦：不要！

你：那这样好不好？妈妈来帮你。妈妈把手握在我们卡梅伦的小手上，一起整理好不好？

卡梅伦：〔不开心地把头扭到一边〕。

当孩子拒绝整理时，冷静但坚定地用你的手握住他的手，并捡起玩具。这是一种极其有效的威慑手段，因为孩子不希望你控制他的身体。今后，卡梅伦将从最初的积极选项中挑选一个。

－ 自我伤害的可能征兆 －

在某些情况下，特别是在学龄儿童和青少年中，普通的不良行为可能与自我伤害行为并存，后者是"一种故意伤害自己的形式……作为一种释放痛苦情绪的方式"，这是"危机短信热线"组织所定义的。

自我伤害行为可以包括以下任何一项或多项内容：

▶ 切割皮肤
▶ 灼伤皮肤

▶ 把头撞向地板和墙壁

▶ 抓挠皮肤

▶ 在皮肤上刻印

▶ 拔头发

▶ 捶打自己

据 TeenMentalHealth.org 网站调查统计，儿童和青少年自我伤害的一些原因如下：

▶ 减少焦虑

▶ 减少悲伤或孤独感

▶ 应对怒气

▶ 表达不满足感

▶ 寻求他人的帮助

▶ 通过痛苦来感受更多的生命力

如果你看到孩子出现自我伤害的迹象或担心你的孩子参与这种自我伤害的行为，请寻求帮助。

「准则」

当你感到脆弱时，我会尽最大努力保证你的安全。

我不是你的敌人。我在这里帮助你克服困难。

我的工作是教给你成功所需的手段，而不是惩罚你的错误。

「 要点重述 」

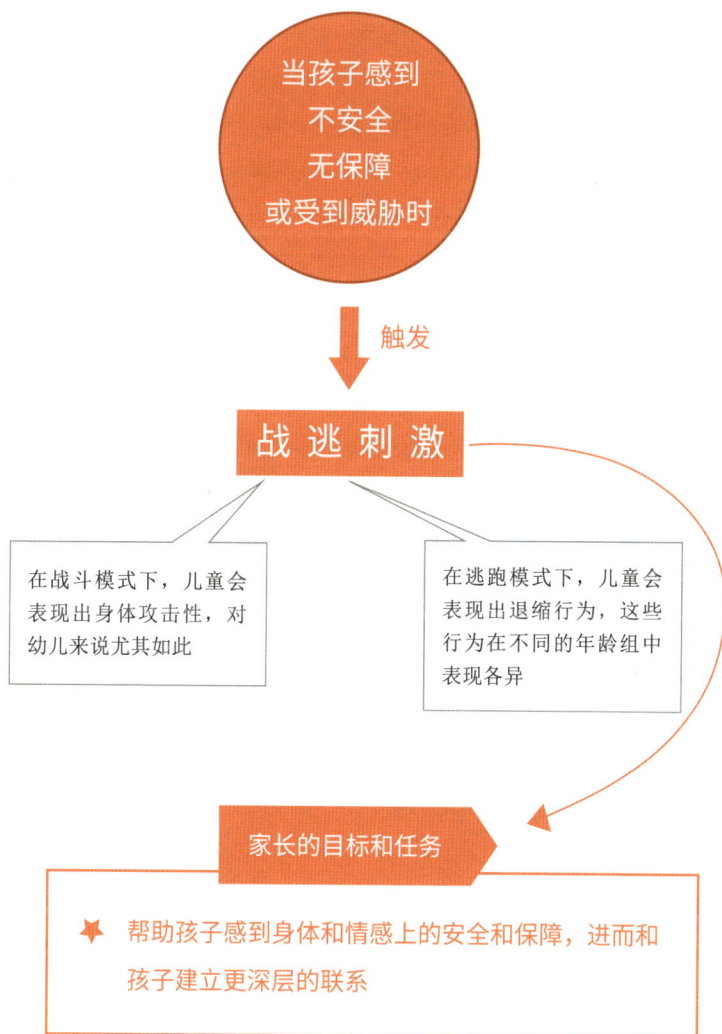

当孩子感到
不安全
无保障
或受到威胁时

触发

战 逃 刺 激

在战斗模式下，儿童会
表现出身体攻击性，对
幼儿来说尤其如此

在逃跑模式下，儿童会
表现出退缩行为，这些
行为在不同的年龄组中
表现各异

家长的目标和任务

★ 帮助孩子感到身体和情感上的安全和保障，进而和
孩子建立更深层的联系

「反思」

▶ 想一想你最近面临的育儿挑战。你是如何解决的呢？

_____

_____

_____

_____

_____

▶ 哪种技巧最适合在解决挑战的同时获得进步？

_____

_____

_____

_____

_____

▶ 你的孩子是在退缩行为（逃跑）还是在身体攻击（战斗）方面表现得更厉害？

_____

_____

_____

_____

_____

第四节　在情感上进行联系

　　到目前为止，我们集中讨论了自身情绪调节的重要性、可能触发我们的众多行为以及整个儿童发展谱系中常见的不良行为。我们还探讨了其中一些不良行为的部分原因。但是，有一个最明显但父母很难接受的因素是，儿童和他们的照顾者之间缺乏情感联系。

　　当儿童与父母建立了有意义的关系，并感到受到父母的关注时，他们在大多数时候都会表现得体。但是，如果他们感到被低估、被孤立或关心不足，他们就会表现得不自信。本节会教你如何确保你的孩子感受到爱和尊重。

自查

　　问问你自己：我是否感到平静？我是否感到被触发了？在你试图与孩子进行情感交流之前，你的执行功能处于开启状态是至关重要的。如果你还没有准备好，那也没关系。如果需要的话，请回到前文的步骤。

– 应对寻求关注的行为 –

　　寻求关注的行为是指有可能引起他人关注或确认的行为。这种行为可能是积极的，也可能是消极的。消极的寻求关注的行为包括需索、抱怨、顶嘴、骂人，等等。

当孩子通过出格行为寻求关注时，父母的反应通常是试图控制或阻止这些行为，而不考虑其根本原因。如果我们不问自己为什么孩子要寻求关注，我们就是在治标而不是治本。这种阻止也只是徒劳无功而已。

下面就让我们来探讨一下，消极的寻求关注的行为通常是如何表现出来的，是什么驱使儿童这样做，以及我们如何以充满爱和同情的方式来回应，从而实现更深刻的情感联系。

黏人和需索

最常见的寻求关注的行为之一是黏人。在前文中，我们提及了安全型依恋，也就是父母合理应对孩子的需求，从而在两者之间建立健康联系。理想的情况下，父母给予孩子适量的感情和关注，让孩子形成健全的自我意识，并有足够的安全感，可以独自面对世界。

以下是儿童可能出现需索行为的一些常见原因：

▶ 环境的改变，如开始在新学校学习，搬到新房子或搬迁到一个新的城市

▶ 父母一方或双方的压力增大

▶ 家里有了新宝宝

▶ 到了特别黏人的发展阶段

让我们来看看孩子突然表现出需索的情景，然后讨论一下在这一情景下，确保孩子感受到情感支持和联系的最有建设性的方法。

孩子起床起晚了，你和孩子匆匆吃完早餐，然后你紧赶慢赶把3岁的孩子亚瑟送到了幼儿园。

当你要离开时，亚瑟把他的胳膊和腿缠在你身上，开始抽泣。你被吓了一跳，因为他通常很高兴与你分开去和小伙伴玩耍。你费了好大的劲才得以脱身并去工作。稍后，在家里，亚瑟也和你寸步不离。不管你是做饭、洗衣服还是上厕所，他几乎都是黏在你身上。

当幼儿没有情感上的安全感时，他们会很黏人。尽管亚瑟以前从未表现出这种程度的需求感，但他有这种感觉也是有道理的，因为最近一段时间你比平时要心事重重，压力更大，而孩子感知到了你的压力。对于所有年龄段的儿童来说，早晨是为快乐的一天奠定基础的重要时刻。但在这个特定的日子里，你——亚瑟的主要安全来源——却感到不安全，而这种感觉转移到了他身上。

应对黏人

虽然孩子需索无度会让人厌烦，但你必须记住这些不安全感对我们的孩子来说是多么真实。你可以通过很多方式向你的孩子传递：你不会离开，你将继续成为他生活中的避风港和安慰来源。传递这一信息的关键是使用平静、温和和富有同情心的语气诉说。

下面是一些传递信任的语言例子："妈妈要去工作了，但我之后会回来的，到时候我们可以一起做点什么。"当你的孩子感到不安全时，通过告诉他你不会一直离开，来解决他对自己被抛弃的最直接恐惧。

"我做晚饭正忙着呢，但我觉得你现在可能需要一个拥抱。我先陪你几分钟，给你读一本书，然后再继续做饭，好不好？"对幼儿来说，一天中的每一刻都很重要。当我们在厨房里走来走去时，他们在盯着我们的一举一动。

有时，成年人的快节奏会让他们感到有点不安全。事物移动得太快，他们就无法处理，于是变得焦虑不安。当你的孩子跑过来呼唤你的注意时，暂停一下手边的活。转过身来，告诉孩子，妈妈一直在。这一小会儿的联系就可以给他带来安全感。

"我现在要洗衣服了，但我看得出来你想要和我在一起。你能帮我把毛巾扔进烘干机吗？"让你的孩子帮助完成任务是一个相对容易和有意义的方法，你们可以一起做一些事，既照顾了孩子的感受，同时又提供机会让他感到自己很重要，从而增强他的自我价值。双赢！花点时间与你的孩子建立联系。在日常工作中，你的孩子一直在寻求与你建立积极的联系。如果他没有如愿，他就会尽他所能来掌控局面。

顶嘴

所有的孩子都会在某些时候和他们的父母顶嘴。有些孩子直到青春期才开始这样做，而有些早在幼儿时期就开始了。顶嘴虽然令人沮丧和被触怒，但却是一种正常的寻求关注的行为。

对幼儿来说，顶嘴可以是一声简单的"不"，而对于十几岁的孩子来说，它可以是从翻白眼到大吼大叫的任何事情。任何类型的不良行为都是一种沟通形式，我们要做的就是深入挖掘并解读我们的孩子试图告诉我们的内容。无论年龄大小，儿童顶嘴的原因有很多：

对控制的需要：在出生后的第一年左右，儿童有一种强烈的愿望，希望能够安全地依附于他们的父母。两岁左右，儿童开始渴望独立。顶嘴便是试图对他们的环境施加控制。

渴望被倾听：当儿童开始通过游戏和实验学习因果关系时，他们想让人知道他们的观点或想造成某些结果。

这种欲望可能不可抗拒。因为孩子还在发育期，他可能并不知道有更合适或更尊重他人的方式。

逃避责任：特别是在青少年中，顶嘴可能是一种逃避责任的尝试。青少年很快就会知道，他们持续争吵的时间越长，他们浪费的时间就越多，他们就越有可能不用完成任务而逃脱。

让我们看看下一个情景，探讨应对顶嘴的最佳方式。我们的目标是减少挫折感，增加与孩子的爱的联系。

你14岁的女儿阿什利正在她的房间里听音乐。楼下有一堆她的衣服，你喊她把衣服收起来。

音乐声太大，她听不到你的声音。你上楼去敲她的门。当她打开门时，你说："阿什利，下楼来，把你的衣服收好。"阿什利气急败坏，她吼道："妈妈！你没看到我在忙吗？这真是太烦人了！我稍后再做。"然后她当着你的面砰的一声把门关上。

在我们研究作为一个觉醒的家长如何处理这种情况之前，首先让我们探讨如何"不处理"这种情况，以及为什么。

在你的孩子关上门后，你在震惊中杵在那里几秒钟。你感到自己怒火中烧。失望和愤怒在心里蔓延，你一下把门拉开，喊道："你永远不能这样跟我说话！"或者"你怎么敢用这种语气说话？你最好放尊重点！"这种情绪反应通常会引起你的孩子的类似反应。当孩子作出阿什利那样的反应时，他们一般是在试图建立控制。

他们正试图传递他们渴求独立的信息，尽管效果不佳。

你自己感情用事大吼大叫，只会进一步点燃他们的控制欲，双方最终都以愤怒和失望收场。你不能控制你的孩子说什么话，就像你不能控制天气一样。你只能控制你自己的反应。

下面是一个回应你孩子的顶嘴，而不是对它作出过激反应的分步指南。

放下：接受你的孩子这样对你说话，并认为这很正常，尽管它会令人失望和不安。这并不意味着你赞同这种行为。这只是意味着你接受它的发生，你对它无能为力。一旦你放弃了原先错误的权力感，你就可以作为一个觉醒的家长冷静而有力地向前迈进。

认可：通过平静而坚定地说："我看到你很忙，你想在下楼拿衣服之前完成你正在做的事情。"把你孩子的感受反映回去。

教导：教导你的孩子，不尊重别人并不会给她带来她所求的结果。不尊重他人的话语源于孩子对控制的深切渴望，以及想让你承认这种渴望。如果你回之以粗鲁的言语，你等于是在告诉你的孩子，她可以通过粗鲁地说话来获得她想要的关注。

相反，在你认可她的感受之后可以说："如果你想在你准备好的时候获得这种独立性，欢迎你以一种互相尊重的方式和我谈这个问题。对我大喊大叫是不行的。"向她保证，在她准备好以平静和适当的方式进行沟通前，你会等她。

留出空间：离开房间，给你们两个人几分钟的时间来调节情绪，达到执行功能状态。让孩子有几分钟的时间来接近你，实际的时间量是任意的，取决于你的时间限制。但如果过了一段时间她没有接近你，你应该怎么办？

重新审视：以平静、和善的方式接近她，问她是否准备好讨论刚刚发生的事情。如果她开始说话，你就少说或不说，听她说。如果她能接受，就进行眼神接触，并使用身体接触。一旦她解释完她的立场，就点头并重复给她听。

然后通过陈述以下内容来明确你的期望："我明白，你正在做某件事，不想停下来。现在是六点半。你可以做完你正在做的事情，但你的衣服必须在 7 点前收好。"

骂人

骂人也是比较常见的寻求关注的行为，而且伤害性极高。如果你还在学步的孩子叫你"大便脸"，你可能会忍俊不禁，但当青少年口中吐出脏话时，你可就笑不出来了。

在我们深入探讨在这种情况下与孩子互动的技巧之前，让我们先了解一下孩子为什么会骂人。

消极的自我价值：孩子们在自我感觉不好的时候往往会用言语发泄。他们更有可能攻击与他们最亲近的人，如家人和朋友。成为你孩子的避风港也是有利有弊的。当他们不高兴时，你可以提供温柔的慰藉，但他们也可能在受挫时把你当作出气筒，因为他们觉得在你面前表达这些感受很舒服自在。

无法控制怒火：你的孩子可能因为不能以适当的方式表达愤怒

而骂人。无论你的孩子是蹒跚学步还是十几岁的少年，请记住他们控制执行思维和判断力的前额叶皮质还没有发育完全呢。

渴望得到关注：儿童行为背后的最大动机之一是他们渴望与他人联系，即便不得不诉诸消极方式。当你的孩子对你口出恶言而你有所反应时，他们已经成功吸引了你的注意。

让我们想象一下下面的情景，家中已步入青少年阶段的孩子在愤怒时以不恰当的方式称呼了你。

你14岁的儿子布兰登上完网球训练课回来，又累又暴躁，所以你决定在他准备明天的数学考试之前，允许他多看几分钟的电视。当规定的时间到了时，你告诉他，是时候关上电视，开始学习了。他说："不，比赛还没有结束。"你回答说："我已经多给了你20分钟。现在就把它关掉。"布兰登看起来很恼火，说："我只想看完剩下的比赛。搞什么鬼啊，妈妈？你真是个笨蛋。"

这是一个会让你感到心碎，无法使用你的推理能力的时刻。

这时，暂停一下，深呼吸。让自己从这种局面中跳出来，在重新审视冲突之前先等待。等待的时间可能有所不同，取决于你的情绪状态以及其他孩子、是否有电话和晚餐时间等因素。一旦你感觉平静了，就接近布兰登。

坚定的语言

当情绪高涨时，重要的是要自信坚定地说话。坚定言语是一种沟通方式，在这种方式中，你清晰、简洁、自信地陈述你的意见或需求，而不损害对方的意见和需求。注意坚定地讲话与低声下气地或咄咄逼人地讲话有什么不同：

	低声下气	咄咄逼人	坚定的言语
例子	我想你可以再玩几分钟的玩具，尽管我已经给了你更多时间。	你是怎么搞的？我得告诉你多少次，时间到了？现在就清理！	现在是清理的时候了。捡起你的玩具，把它们放到这个篮子里。
语气	软弱；将权力拱手相让	愤怒	自信而清晰
作用	在不应该有任何选择的情况下提供选择	感觉像一次攻击	以平静和明确的方式设定限制
最终结果	造成混乱	没有安全感	勾勒出清晰的期望值

如你所见，坚定的言语是以他人可接受的方式传达你的想法和感受的最有效途径。

"以我为主"的陈述是一种坚定地传达你的感受而不使你的孩子产生抵触的方式。

这可以让你直言不讳，不责怪或非难你的孩子，同时期望他对自己的感受负责。以下就是如何构建一个"以我为主"的陈述的办法："当你［描述孩子的负面行为］时，我感到［插入自己的情绪］。我需要你［插入你期望的行为］。"

应对骂人

现在我们已经熟悉了低声下气、咄咄逼人和坚定自信的言语风格，在布兰登用一个你不可接受的词语骂了你之后，你如何使用坚定的言语来与他沟通？

说出你的情绪：虽然布兰登表面上对自己的处境感到愤愤不平，

但他内心可能只是想被理解。你可以说一些比如"看起来你真的在生我的气"的话。你在向他传递，你明白有些事情可能让他不高兴，但是他的表达方式不被你接受。

记住，这不是关于你的。他这样对你说话当然是不对的，但为了你们的关系着想，让他觉得你仍然站在他这边是不可或缺的。（注：你可能会挨一个白眼或得到一个新的反驳。不要理会它。他只是想尽可能长时间地保持他的权利。）

陈述你的期望：使用清晰和坚定的语气，这样就不容争辩或没有误解的空间。

可以说："因为你真的很生气，所以你叫我'笨蛋'。这是不可以的。即使你很生气，你骂我也是不可以的。"虽然你可能被伤得很深，但要用不带感情色彩的声音说出这句话。

使用与你谈论天气时相同的语气：平静、立足对话、清晰。你可能会遇到更多的烦扰，那也没关系。即使布兰登没有表现得像在听，他也可能确实在听。

教导同理心：一旦你确认了布兰登的感受，并坚定地说出了你的期望，你就可以提醒他，他的用语和称呼对你有真真切切的影响。有时，青少年在冲动中会忘记，他们并不是宇宙的中心。在幼儿时期自然形成的自我中心主义在他们的青少年时期也会重新浮现。

使用"以我为主"的陈述，说："当你使用'笨蛋'这样的伤害性语言时，我感到非常难过。我需要你以一种更尊重的方式与我沟通。"虽然布兰登和其他同龄孩子一样，可能会装出一副你的话对他没有影响的表情，但在内心深处，他很可能比你想象的更在乎。

破坏规则

所有的孩子都会违反规则，即使是那些对父母有安全依恋的孩子。身为父母，也许很难接受这样一个事实，即在某个时候，你的孩子会看着你的眼睛，公然反抗你。正如我们所讨论过的，打破规则是探索和发现世界以及主张控制权和独立的一个重要部分。

为寻求关注而打破规则的孩子在面对某些限制时可能会发牢骚或发脾气。青少年可能故意违反家庭或学校列出的规则。尽管很令人不安和沮丧，但事实就是，问题不是你的孩子是否会违反规则，而是何时违反。你需要在事情发生之前知道如何处理。

如何处理违规行为

下面的情景主要聚焦于青少年时期，因为这时违反规则会变得很有破坏性。

开完一个加长工作会议后，你回到家，发现家里空无一人。你打电话给你 17 岁的女儿罗丝。早些时候，她问你是否可以和一个你从未见过的男孩去看电影，你坚定地回答说："不行。"现在你打她的手机，她没接。你开始惊慌失措，心跳加速。

你给她发了一条怒气冲冲的语音留言，然后坐在沙发上，等她回来。几个小时后，她大大咧咧地走了进来。她漠不关心的样子触发了你，你感觉怒火中烧。你深吸一口气，从"1"数到"10"。

你的女儿不仅公然违抗你，还把自己置于潜在危险之中。

作为一个成年人，你明白陌生人的危险，但你女儿的判断力还不够成熟。

你想知道，如何让她记住遵守你所定规则的重要性，特别是当她违反这些规则可能会有可怕影响的时候。

解决这种冲突的有效方法有两重：首先是开诚布公的讨论，然后是冷静和符合逻辑的后果。

摆好架势：当罗丝回家时，平静地邀请她和你一起坐下。你甚至可以给她一杯水，让气氛平静下来，打消你想骂她的念头。

展开对话：一旦你们两个人面对面坐着，就以"我想解释一下为什么我说你不能和这个男孩约会"开始谈话。以坦诚、透明的方式解释你的担忧。如果你有的话，你可以提供个人的传闻例子来支持你的观点。关键是要保持冷静，让你的声音保持稳定和平和。进行眼神接触。如果她能接受，就用身体接触。

聆听：让罗丝提出质疑并陈述她的意见是至关重要的。只要你保持冷静，你可以反驳她的意见。在结束这部分的讨论时，可以告诉她你爱她，关心她。

逻辑后果：现在你已经就罗丝的选择进行了平和冷静的谈话，说："我很高兴我们进行了这次讨论，这样我就可以真正向你解释为什么尊重和遵守规则对你如此重要。因为这件事非常严重，我将在未来两周内取消你的用车权限。如果你不能向我展示足够的责任感，不能在用车时作出经过充分考虑的决定，我就得把它收回，直到你能够再次尝试。让我们看看接下来的两个星期你做得怎么样。"你的作用是教导你的孩子生活技能，帮助她过一个尽可能成功、健康和快乐的人生。

文过饰非和胡编乱造

儿童发展过程中最令人尴尬的阶段之一是儿童开始夸大或美化故事。这种胡编乱造行为可能会持续几年，导致各种棘手和令人不快的情况出现。

为什么孩子会撒谎

根据不同的发展阶段，儿童说谎的原因各不相同：

学龄前儿童（3—5岁）会编造精心设计的故事，因为他们还不太知道如何区分现实和幻想。

学龄儿童（6—12岁）为了吹嘘或在同龄人中获得社会地位而说谎话。这可能是低自尊造成的结果。

青少年（13—19岁）通常通过撒谎来掩盖不良行为或错误，以避免惩罚或其他消极后果。

虽然孩子满嘴谎话会让你不安，甚至让你感到羞耻，但这些行为通常会在青春期消失。像其他事情一样，有些孩子比其他孩子更难摆脱这种行为。在有些情况下，说谎是习惯性或病态的，这种行为并不在本书讨论之列。

你和你5岁的女儿艾丽西亚被邀请参加她学校的家长日聚会，这是所有家长为数不多的有机会在学前班教室内共同度过的时间之一。

当艾丽西亚在画架前作画时，你坐在另一位家长旁边，闲聊几句。几分钟后，那位家长压低声音靠过来说："听到你离婚的消息，我真的很难过。如果你需要什么帮助，就告诉我。"那位家长一定看到了你脸上完全震惊的表情，因为她变得脸色通红，说："我很抱歉。我女儿告诉我，她从你女儿那里听说你要离婚了。"

教导同理心

在任何阶段，对儿童的撒谎行为都应谨慎处理。虽然对儿童一些符合发展规律的行为进行羞辱是绝对不行的，但必须让儿童了解撒谎的后果，并提醒她注意他人的感受。

保持好奇心：与你的孩子坐下来，说："你朋友咪咪的妈妈说你告诉她，爸爸和我正在闹离婚。这是真的吗？"等待你的孩子作出回应。也许她最近听说了这个概念，这让她感到害怕；也可能就是她编出来的。

无论是哪种，都要对她的回应持开放态度。

解释：告诉你的孩子，即使她不是有意的，谎言也会对其他人产生影响："我知道你并不想伤害任何人的感情，但当她提到这一点时，我感到很尴尬。"让她有几秒钟的时间来和这个信息产生共鸣。

更有可能的是，她在讲述这个谎言时压根儿没有考虑到其他人。

教导：指导你的孩子今后该怎么做。"下次你想知道什么的时候，跟我说说吧。我为你现在和我谈论这个问题而感到骄傲。"避免羞辱你的孩子或使其感到难堪。一次开诚布公的谈话比惩罚更有影响力。

- 应对社交困难 -

你已了解到父母如何与孩子建立有意义的、充满爱的联系。然而，在家庭之外，你的孩子也需要与他们的朋友好好相处才能茁壮成长。

同龄人之间的联系对你孩子的发展很重要。当你的孩子不和他们的朋友在一起时，他们会用手机和社交媒体来保持这种联系。但是，对联系的渴望越深，孩子们在经历与朋友的纷争或冲突时就越难接受。

妒忌

与同龄人建立联系的强烈渴望可能导致妒忌。

幼儿可能会对新的兄弟姐妹或同学产生妒忌。

如果学龄儿童最好的朋友交了一个新朋友，他们可能会出现妒忌心理。如果他们喜欢的人开始和别人约会，青少年就会嫉妒心发作。我们如何帮助孩子管理这些困难的情感，令其不至于对他们的关系造成破坏？

你 2 岁的女儿奥利维亚开始对她的新弟弟表现出极度嫉妒的迹象。她之前对有个小弟弟这一前景似乎很兴奋，但现在他真的在这里了，她却不断地把安抚奶嘴从他嘴里拉出来，甚至打他耳光。你想对两个孩子一视同仁，但你却无计可施。

与青少年建立联系

教养青少年可能会让你大感困惑。以下是一些如何与你家的青少年建立和保持紧密联系的主意：

个人化：确保你的孩子把你当作一个人，而不仅仅是她的父母。给她看你的绘画或诗歌。分享你发现的新音乐。即使她不认同你的品位，她也会明白你是一个和她一样的人，而不仅仅是一个为她提供食物和照顾的温暖躯壳。

找到共同点：在周日组织一个家庭足球日，或者每周挑选一个电视节目一起观看。讨论你喜欢的球员或人物，并询问她的意见。

尊重他们的空间：青少年希望展翅高飞，与朋友共度时光，这很正常。在合理范围内，允许她有一些自由。

给予赞扬：通过真诚的赞美来增强你家青少年脆弱的自尊心。

去兜兜风：在车上一起唱着歌。聊聊学校、暗恋对象和朋友。在和谐的时期建立联系。

你的主要目标是建立一种基于信任和公开沟通的亲子关系。 青少年会犯错，会挑战权威和规则，但你们之间的联系越牢固，冲突发生时你们之间的关系就越不容易受损。并且即使受损了，也会更容易修复。你的工作不是为了让她安分守己而惩罚她。重要的是让罗丝感到，这就是以不负责任的方式使用汽车的合理后果。

不得不分享父母是一个拥有兄弟姐妹的幼儿必须面对的，不管他们愿意还是不愿意。在奥利维亚的整个生命中，她一直独占着你的关注和爱。突然间，她有了一个弟弟，抢了她的风头，让她不得不和他分享你。在这个过渡时期，最有用的技巧是尽可能让奥利维亚参与其中。

以下是一些你可以马上做的事情：

- ▶ 请你的孩子帮助准备宝宝的奶瓶，甚至喂他。
- ▶ 让她负责每天早上挑选宝宝穿的衣服。
- ▶ 请她给宝宝"读"书。
- ▶ 努力注意表扬她积极的行为，即使是小事情："哇，奥利维亚！看看你是怎么跑去给宝宝拿毛绒玩具的！你真是个乐于助人的姐姐！"

你的孩子来到这个世界上才几年的时间。当你对她的行为感到沮丧时，提醒自己，她正在努力调整。她只有在你的帮助下才会更好地长大。

与兄弟姐妹打架

作为一名育儿教练，我经常被问道："怎样才能制止孩子们不断争吵？"兄弟姐妹们会不断竞争，以获得同样的玩具、同样的书、同样的食物，以及来自父母的同样关注。以下是一个你可能似曾相识的情景。

你 7 岁的儿子查理正在玩新的遥控汽车，你 8 岁的女儿贝卡正在一旁观看并等待轮到她玩。突然，你听到尖叫声，你发现贝卡已经俯身从查理手中抢走了遥控器，在此过程中还把他推下了沙发。

冲突调解

在兄弟姐妹间处理这种情况，调解的目标是使两个孩子都感到得到了认可、注视和聆听。在你开始这个过程之前，你必须知道实际发生了什么。虽然一系列事实已经呈现在你面前，但不要因此自动给任何一个孩子贴上受害者或侵犯者的标签。相反，请遵循以下步骤：

处理感觉受到轻视的孩子的问题：要查理从他的角度讲述他的情况。倾听时要有眼神接触，不作任何判断，不问任何问题。如果贝卡插话，提醒她，她也会有机会从自己的角度讲述。

允许其他孩子表达自己的想法：这不仅可以让你更全面地了解所发生的事情，而且还可以让两个孩子都有机会得到倾听。

认可每个孩子的观点：对查理，你可以说："你的玩具被抢走了，你一定很生气。"对贝卡，你可以说："我知道等这么久才能轮到你，很不容易。"

设定期望：对贝卡，你可以说："抓人或推人是不行的。这会伤到别人！"

教导轮流分享

现在，两个孩子都觉得自己得到了认可，因此更容易接受接下来的内容，你可以教他们轮流分享的价值。

要求轮流：转身对贝卡说："如果你想玩车，问问你弟弟，当他玩好后，你能不能轮到。"等她对着查理重复这些话。

响应要求：转向查理，等待他的回答。如果他说"不"，提醒他只有在玩好后才需要把玩具给她。如果他说"好的"，那就好了！轮流分享比强迫分享效果更好。它使双方都能感受到同样的倾听和认可。这种互惠性将引发积极的行为和互动。

轮流分享也给了每个孩子无压力的时间，在此期间他们对玩具有充分的所有权和控制权。

如果没有这一点，他们可能会因为无法尽兴玩到玩具而产生怨恨。

最重要的是，轮流会催生真正的慷慨，而不是强迫的、不真实的善意。当孩子感到他可以决定自己何时可以玩玩具时，他更乐意去分享。

交友困难

当儿童抵制与同龄人的关系或表现出害怕与某个人过于亲近时，这可能表明他内心有不安全感，后者则可能源于他与父母关系的情感断裂。根据杰拉尔德·帕特森博士和马里恩·福格奇博士的研究，那些在潜意识中感到与父母步调不一致的孩子可能很难直接亲近他人。让我们来看看下面的情景。

你注意到你13岁的女儿玛雅，与她的朋友在一起的时间越来越少了。她一直都有社交关系，所以这是一个重大的转变。当你问及原因时，她回答说"我累了"或"我不喜欢这样"。当你问及，是否发生了什么事情导致了纷争，她只是说没有。

使用你在前文学到的镜映技巧来传递你对玛雅的支持，而且你始终致力于修复你们之间任何可能的关系裂痕。你唯一的目标是把玛雅的话语和肢体语言反映给她，不作任何判断或解释。

一旦她有了足够的安全感，她就可能会敞开心扉。

或者也许她不会。但至少，你离重新获得你可能在无意中失去的亲子联系又近了一步。

社交排斥和霸凌

当我的孩子准备步入幼儿园时，我想知道她未来的同学们会是什么样子。

每当提到霸凌的话题时，我就想，虽然得知别人欺负我女儿我会很伤心，但如果我发现她在欺负别人，我会更伤心。我从来不希望我的孩子成为一个霸凌者，因为那意味着她不仅对他人残忍，而且内心也感到空虚。

玛丽恩·华莱士博士的研究表明，低自尊往往是霸凌行为背后的驱动力。

想象一下以下可怕的情景。

你接到学校校长的电话，他说你13岁的儿子亚当在学校欺负另一个孩子。校长说这不是一个孤立的事件，她已经警告过亚当几次，让他停止这种行为，但是亚当屡教不改，她别无选择，只能联系你。

大多数父母接到这样的电话都会感到羞耻。但请记住：觉醒式育儿旨在让你看破事物的表象，去破译驱动行为的本质所在。你的最终目标是教给你的孩子他们所缺乏的技巧，以便他们能够作出更好的决定。

霸凌行为的主要原因

在我们试图解决这个问题之前，让我们检讨一下，首先可能是什么导致了这种行为：

低自我价值：自我价值感低的人，不管在什么年龄段，通常都试图通过诋毁他人来提升自尊心。

受伤者亦伤人：深受伤害的儿童往往会伤害他人。痛苦的人喜欢有人和他们一样痛苦，他们可以通过伤害性行为和控制他人的反应来重新获得他们失去的控制权。

缺乏情感联系：这种空虚导致当事人试图以任何可能的方式引发联系。比起没有联系，儿童宁愿选择消极联系。

同龄人的压力：一个孩子想融入社会的愿望可能会驱使他以残忍的方式行事，以便成为群体中的一员。

那么，如果你的孩子欺负别人，你能做什么？

应对霸凌行为

如果你怀疑你的孩子可能在欺负别人，下面是如何应对的策略。

展开对话：保持冷静和镇定。看着你的孩子说："我今天接到了校长的电话，这是她告诉我的事情。"让你的孩子知道你在关心他。

当你的孩子被霸凌时

发现自己的孩子被欺负是一件令人痛苦的事。

霸凌的影响可能是破坏性的，因此，恢复孩子的自尊心是关键。

首先，倾听：问问孩子发生了什么，然后就听着。当他讲完后，重复他所说的话，不要评判或解释。

专注于孩子的需求：当务之急，是不要让自己的不安全感或个人经历蒙蔽你的双眼或使你歇斯底里。你的孩子现在正需要仰仗你平静的力量。

表扬孩子：赞扬你的孩子敞开心扉，告诉你发生了什么。一定要在他说完后至少说一次"我相信你"。可以补充："你来找我，告诉我这一切，让我很自豪。"许多霸凌的受害者会感到羞愧或尴尬。

赞扬他的勇气会让你顺利帮助他修复破碎的自尊。

共同解决这个问题：问问你的孩子，他想如何推进事态，并接受他的想法。

你们的精诚合作将给他应对这一挑战的力量。他很可能会想出更好的策略来改善这种局面。

你对这种情况感到愤怒和沮丧，这可能会诱使你质问孩子，为什么他让这种情况发生。

然而，质问原因是没有用的，可能会使他感到更加孤立。重要的是，你要教给孩子适当的手段，让他感到有力量，而不是再次受害。

－试试这个策略－

如果你使用本节介绍的技巧在建立和增强与孩子的情感联系方面有困难，这里还有一些方法可供你尝试：

无条件的同情

有时，我们的孩子所需要的只是我们的同情心。我们可能太专注于教他们适当的行为方式，而忘记了给他们无条件的爱和联系。当一切尝试都失败了，你觉得什么都不起作用时，不妨退一步，只是在他们身边就好。

下面是一些表达同情心的话语："我知道你过得很艰难——我就在这里，和你在一起。""你的所作所为是不对的，但我们可以下次再谈。现在，让我们一起度过一些时间吧。""当你的朋友对你不友善时，这一定很困难。你能告诉我更多的情况吗？""谢谢你愿意告诉我这些，我很愿意听。"你为此可能不得不把自己的情绪和教养计划暂且放在一边，但这是值得的。只是表现出同情心可能无法解决手头的问题，但它会修复和加强你与孩子的联系，使他们更容易接受你的指导。

创建一个家庭安全空间

正如我们前文所讨论的，安全空间是一个指定的场所，当孩子情绪敏感时，他可以退回到那里。

而家庭安全空间则略有不同。它不一定是一个指定的区域，而可以是你和你孩子所在的任何地方。

当你和孩子陷入争吵之中，而且旷日持久，那么请暂停一下。举起你的手，停止消极的互动，告诉孩子你要去你们的家庭安全空间。

激发同理心

冲突可以成为一个学习的机会。社交攻击行为可能是痛苦的经历，但孩子从这些经历中也可以学到很多东西。

我们怎样才能教会孩子为自己挺身而出，同时又对伤害他的人表达同情？使用下面这些语句来指导你的孩子："你很强大。你有价值。没有人可以从你身上夺走这些。""一个人过怎样的生活都是你不知道或不理解的。""除了你自己，你不能改变任何人。""选择怜悯与同情。"与你的孩子讨论为什么其他人可能会有不友善的行为。就像我们自己已经学会认识到孩子行为不良的根本原因一样，我们也可以教会孩子对其他人的行为有更敏锐的洞察力，而不是单纯给他们贴上"坏"的标签。

唤起同理心：问问你的孩子，他是否能记起他感到被排斥或受到不友善对待的时候，问他感觉如何。这提醒你的孩子，他的言行会对他人产生影响。

设定期望：当涉及霸凌行为时，你必须立下规矩。告诉你的孩子："我知道你是个好人，你有很多优点。当你这样做的时候，你就是对这些优点视而不见，并在这个过程中伤害了别人，这是不对的。"

告知后果：跟着给出一个与霸凌行为直接相关的后果。例如，"这种行为似乎是在放学后的戏剧俱乐部期间发生的。你用你的错误选择向我表明，放学后你必须从学校直接回家，直到这种行为改变"。

教导责任心：告诉孩子，虽然我们都在错误中成长，是人都会犯错，但这并不能说明犯错是对的，所犯的错误也仍然需要纠正。集思广益，讨论他如何纠正自己造成的痛苦（例如，表达歉意或写道歉信，或邀请同伴来玩）。

尽量不要怒气冲冲地回应。如果你的孩子有霸凌行为，很可能是在这一表象之下发生了一些他难以启齿的事情。羞辱和贬低会使他更加退缩，继续以不适当、不健康或攻击性的方式表达自己的感受。

当你们在那个空间里时，必须抛开任何争论。在孩子感到孤立无援的时候，给他这种即时的联系是非常有意义的。这不仅能防止你的孩子感到被攻击，而且还能让他重新振作，如此一来，当你们回到讨论中时，都会感到更加积极乐观。

事后一定要重新审视冲突，这样你的孩子就不会认为躲进家庭安全空间就可以逃避责任。

「准则」

孩子们无论何种情况下都需要有爱的情感联系。我将成为这种联系。

总是有机会产生同理心的。我将怀着同情心。

冲突是一个教导的机会。我为了帮助我的孩子学习而在。

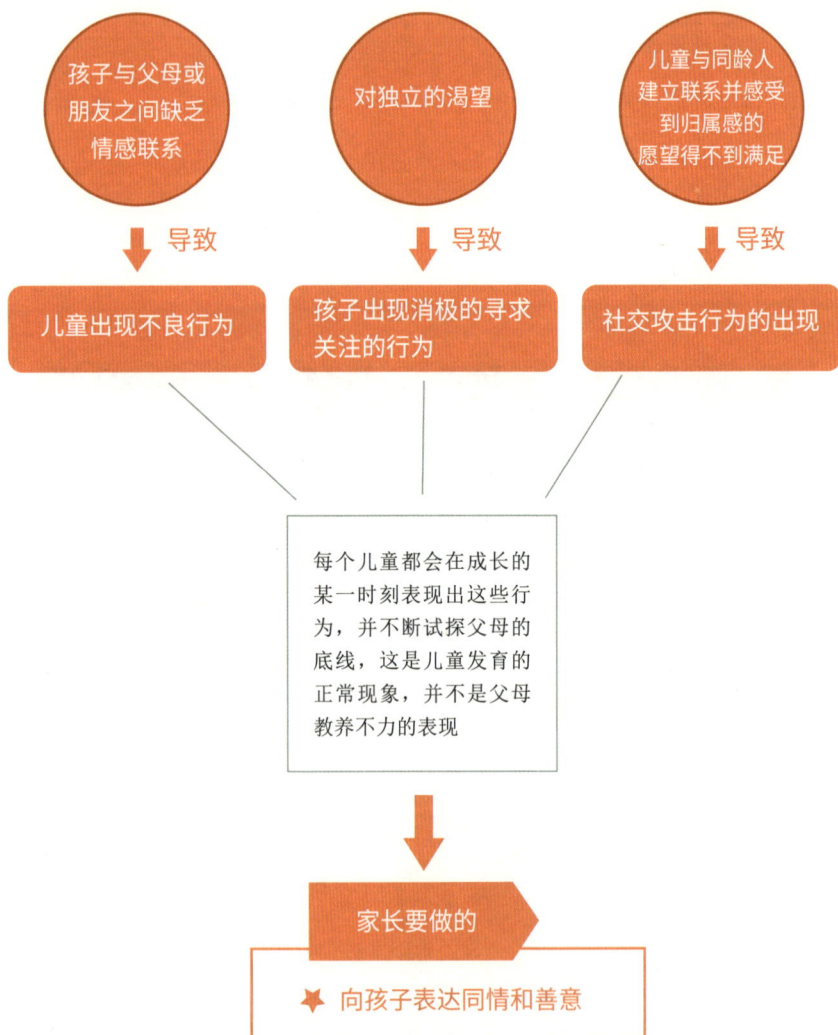

「 **要点重述** 」

孩子与父母或
朋友之间缺乏
情感联系

对独立的渴望

儿童与同龄人
建立联系并感受
到归属感的
愿望得不到满足

↓ 导致　　　**↓ 导致**　　　**↓ 导致**

儿童出现不良行为

孩子出现消极的寻求
关注的行为

社交攻击行为的出现

每个儿童都会在成长的
某一时刻表现出这些行
为，并不断试探父母的
底线，这是儿童发育的
正常现象，并不是父母
教养不力的表现

家长要做的

★ 向孩子表达同情和善意

「反思」

▶ 你是否曾帮助你的孩子解决社交困难？回过头来看，这些方法中的任何一种有帮助吗？

_____

_____

_____

_____

_____

▶ 你的孩子在感到情绪失落时是否会变得退缩或有攻击性？

_____

_____

_____

_____

_____

▶ 你对使用坚定的言语来设定期望有什么看法？

_____

_____

_____

_____

第五节　一起解决问题

首先要祝贺你。

看到这里，说明你已经学会了许多方法，在困难时刻专注于自我，并在整个过程中让你的孩子在情绪上感到安全。

现在让我们再进一步。我们如何引导那些已经开始调节自己的情绪并寻求解决自己问题的孩子？我们怎样才能继续指导我们的孩子，让他们变得更加自立和懂得灵活变通？本小节提供了具体的指南，以帮助孩子提高我们在前文中介绍的那些执行功能技巧。你将学习如何帮助孩子实践自我控制，设定目标，并解决冲突。作为觉醒的父母，你的目标是提醒孩子，他们有能力自己迎接新的挑战。

自查

以下是一些温馨提示，让你检查一下自己的情绪状态：你感到平静吗？如果你还没有准备好前进，也没关系。如果你觉得没有准备好，你可以随时回到以前的步骤，以便恢复镇定。

－ 培养自我认知 －

儿童需要认识到自己的执行功能，以提高他们调节情绪和解决问题的能力。让我们探讨一下父母如何给孩子提供机会来练习自我控制和自我认知。

请记住，你的孩子仍在学习。随着他们大脑前额叶皮质的不断发展，他们开始对自己的冲动有了更多的认识，并开始明白是什么因素触发了他们。他们的判断力提高了，批判性思维能力日趋成熟。虽然你会注意到他们每天都在进步，但在完全发育之前，他们仍有很长的路要走。当他们犯错时，你要表现出同情心。

怎么说都记不住

父母们常常觉得，他们总是在不断提醒孩子履行责任或满足成年人的期望。幼儿、学龄前儿童，甚至小学生都可能会忘记做事情，因为他们有太多的事需要记住。即使是成年人可能认为理所当然的任务，对儿童也是必须回忆的额外负担。

例如，年幼的孩子整天都在努力记住他们被告知的内容：要刷牙，穿戴好，不要打嗝，记得洗手，做作业，等等。当他们的大脑因为过多的信息或责任而过载时，他们可能会忘记其中的一些事项。他们并不是故意不做，只是很难处理所有的信息。随着儿童年龄的增长，他们可能会因为在家里、学校或社会范围内感受到压力而忘记任务。不管是什么原因，健忘对大多数孩子来说都或多或少是个挑战。

例如，你家的青少年在摘掉牙套后可能会忘记戴固定器。家里的学步幼儿在接受便盆训练后可能会忘记冲厕所，尽管你一再提醒他。这两种情况都让那些经常帮孩子冲厕所或花一大笔钱买牙套的父母感到沮丧。

应对"记不住"

下面是一些有效的方法，用来指导你的孩子，帮助他解决"记不住"的问题。

保持好奇心：不加评判地问："你认为你为什么老是忘记戴你的固定器？"如果他给不出答案，就指出："你是否感到事情太多？你上了床后是不是太累了，以至于忘记了呢？"如果是幼儿，可以问类似的问题，但要调整你的措辞。可以说："哦，不！我看到你没有冲厕所。你是忘了吗？"

承认感受：对你的青少年大孩子说："这一定很让人沮丧。要记住这么多事情是很难的。"对你的小孩子，可以说："每次上厕所都记得冲水，太难了。"对你孩子经历的难事表示同情。

一起集思广益：鼓励孩子和你一起进行头脑风暴，想一想他可以如何记住这些任务。对你的青少年大孩子说："关于怎么能记得戴你的固定器这一点，我很想听听你的想法。"提示你的小孩子："嗯，我想知道我们怎么才能帮你记住冲厕所呢？"

试试这个策略

如果你的孩子想不出来，那就提升他的信心，以激发他的灵感。对你的青少年大孩子说："你能想出一个绝妙的办法来帮助提醒你的，我对此深信不疑。这里有一个记事本，写下两三个想法，让我知道你想出了什么。"给孩子们一个具体的目标数字，可以帮助他们对此上心。

这种方法对幼儿也很有效，但他们需要你本人一直在场，以保证他们的注意力集中在任务上。建议你们一起制订一个计划。不要仅仅把想法写在纸上，而是制订一个可视的提醒列表或日程。当孩子参与到这个过程中时，这个过程对他来说就变得相关且具体起来。这也激励了他的责任心。幼儿通常会乐于遵循他们参与制订的日程表。

不考虑后果

随着婴儿对因果关系的理解日益加深，他们会知道，如果按下玩具上的按钮，就会播放音乐。但对其行为后果的充分理解要到 3 岁至 5 岁时才会形成。

因为幼儿是以自我为中心的，他们想得到自己想要东西的愿望盖过了对他们的行为可能影响别人的考量。

对于学步幼儿来说，主要目标是反复提醒他们注意后果。例如，如果一个孩子伸手去拿热熨斗，他可能不明白自己会被烫伤。我们必须在那里不断地说："不！熨斗是热的。烫到了好痛！"直到他开始将这一后果内化。

在回应孩子的行为时，要简明扼要、从容冷静。有时，学步儿童可能会重复消极行为以引起成人关注。也许你的孩子伸手去碰热炉子，只是为了让你发火。

想象一下以下的常见情景：

当你的青少年大孩子要为应付考试而学习时，他往往拒绝学习而一直看电视。

你家的学步幼儿对吃东西不感兴趣时，会不断地把食物扔到地上。

告知后果

年龄较大的儿童，他们开始理解自己的选择会产生相应的后果，这时我们可以从监护者的角色过渡到引导者。对幼儿来说，家长的目标是教会他们什么是后果。

表现出同理心：认可你的青少年大孩子的感受。可以说："我知道你有很多学校作业，有时你只想放松一下。"对小孩子，你可以说："我看你不喜欢玉米，所以你把它扔在了地上。"

讨论潜在的后果：对你的青少年大孩子说："我知道你有压力，但如果你不学习，你觉得你的考试成绩会如何呢？"生动地对你的小孩子说："如果我踩到玉米，你认为会发生什么？"这些问题有助于让你的孩子关注他的行为可能带来的直接后果，不管他是哪个年龄段的。

一起集思广益：鼓励你的孩子想些主意出来，可以如何让他改变这种行为以产生更有利的结果。对你的青少年大孩子说："你怎么安排你的日程表，才能让你有更多的休息时间，同时还有时间准备你的考试？"问你家的小孩子："如果你不喜欢玉米，你该做什么？"对任何积极的意见都要加以热情回应。

提升孩子的自信：鼓励孩子培养规划自己生活的能力。可以说："你现在已经长大了，可以拿出你自己的日程表，其中要包括休息时间和必要的学习时间。我相信你！让我们看看你能想到什么。"对你的小孩子说："你肯定有很棒的想法。你怎么能保证没人踩到你的玉米滑倒呢？"

试试这样做

如果孩子耸耸肩说他没有任何想法，你可以提示他："可不可以把它推到你的盘子边上，而不是把它扔在地上呢？"然后再追问："你还能做什么呢？"如果青少年大孩子对你的参与不感兴趣，你可能就不得不用逻辑后果来促进合作。你可以说："我明白了，你不想谈这个问题。当你准备好进行头脑风暴时，我就在这里。在那之前，我会保管电视遥控器。"

缺乏自我反省

自我反省是一项催生自我认知的基本技能。一个能够对自己的思维模式、言谈举止自省的人，就离克服冲动等负面情绪又近了一步。

自我反省也能加强我们的人际关系，因为它可以提高我们与周围人的互动质量。

对于处于各个发展阶段的儿童来说，自我反省都是一个挑战，因为这是一种随着时间推移而逐渐成熟的技能。幼儿缺乏这种技能，因为他们的天性就倾向于活在当下。他们也是以过程为导向的，这意味着他们的主要愿望是通过发现来学习。正如前文中提到的，幼儿缺乏内心对话来帮助他们诠释过去。

由于没有这种考虑过去情况的能力，儿童就很难审视内心，分析他们的选择，并反思他们如何能够改进。随着儿童日渐成熟，他们开始明白，努力进步是很重要的。他们往往在练习运动或准备考试时认识到了这一点。

引导性自我反省

对儿童来说，从提高考试分数到反思如何全面提升自己的品性，这是一个很大的飞跃。让我们看看以下几种情景，以明了你如何能够帮助他们跨出这一大步。

你家的青少年大孩子和他的朋友打了一架，因为他没有在购买棒球票的队伍中帮朋友占一个位置。

结果他的朋友没能看成比赛，现在很生气。你的孩子拒绝承认自己有什么错。

你还在上幼儿园的孩子对妹妹用他的游戏机感到恼火，并叫她蠢货。妹妹不高兴了，他也拒不道歉。

一起反思：问你的青少年大孩子："你认为你的朋友为什么会生你的气？"允许你的孩子表达自己的想法，即使他不承担责任。问问你上幼儿园的小孩子："你妹妹为什么会伤心？"

集思广益，提出替代方案：激励你的孩子，让他想出不同的方法来处理这种情况。

即使他坚持认为自己没有做错，也要说："我理解你的坚持，但我们总是可以有所改进，做得更好。你可以用不同的方式做什么或说什么呢？"

培养良好的习惯：鼓励有利于深入反省的活动。对于青少年大孩子，建议每天写一篇日记。

对于上幼儿园的小孩子来说，可以在你的适当提醒下，采取绘画等艺术项目的形式。例如，"你能画一幅画，来展示你妹妹用你的游戏机时的感受吗？"自我反省的技能在自我成长的过程中非常重要。自我反省对你也很重要。你可以通过写日记或其他健康的渠道，如音乐或艺术，向你的孩子示范这种技能。

– 树立情绪管理的榜样 –

要过上富有成效的健康生活，处理积极和消极情绪的能力至关重要。身为父母，我们的责任之一是示范自身健全的情绪调节能力，以便我们的孩子能够以我们为榜样。

对批评敏感

所有年龄段的儿童，特别是接近或正在经历青春期的儿童，都容易对批评产生防备或敏感。对批评敏感的儿童，无论他们是被责骂、被纠正或不被认可，他们都可能会生气发飙，或者可能变得悲伤和退缩。

如果你恰当对待这种类型的敏感儿童，你通常可以防患于未然。如果对批评的敏感能激励儿童改善自己，就是有益的。只有当它积压成焦虑或难以抑制的悲伤或愤怒感时，它才会变得具有破坏性。

区分高度敏感的儿童和普通的、偶尔敏感一下的儿童是很重要的。根据伊莱恩·阿隆博士的定义，高度敏感的儿童指的是"15%—20% 的儿童，他们的神经系统天生就具有高度意识，对任何事情都能作出快速反应"。这种生理状况使此类儿童在与他人的日常交往中容易受到伤害。

高度敏感的儿童也倾向于寻求感知或回避感知，类似于在前文中提到的那些在感官整合方面有困难者。

回应敏感的儿童

来看以下情景：

你的青少年大孩子从学校回家后哭着说，戏剧老师说他需要更加努力地背诵台词。

当你责备你的小孩子在墙上乱画时，他突然哭了起来。

无论你有一个高度敏感的孩子，还是一个会经历高度敏感时刻的孩子，以下技巧都可以帮到你。

建立联系：一个敏感的孩子在一件令人心烦的事情发生后通常处于最脆弱的时候。在你开始谈话或提供任何意见之前，邀请你的孩子坐在你旁边或你的腿上。

如果他能接受，就握住他的手或把你的手放在他的背上。通过身体接触向你的孩子传达，无论如何，你都关心他并站在他这边。

认可：确认你的孩子正在感受的情绪。对青少年大孩子说："我完全理解你为什么这么难过。你是否感到失望，因为你一直在努力，而她却熟视无睹？"允许孩子表达自己，不要插话或评判，即使情况看起来好像是孩子反应过度。对你的小孩子说："我看到，你在我告诉你不要在墙上画画之后很伤心。"

评估形势：一旦你确认了他们的情绪，就开始接近实际情况。

记住，当孩子很敏感时，他们会花大量的时间来责备自己，所以一定不要在这种情况下给他们的情绪雪上加霜。对你的青少年大孩子说："你对老师说的关于背诵台词的事有什么看法？"然后再追问："你认为她的批评有哪一部分是准确的？"对你的小孩子说："你对在墙上画画有什么看法？"当你在不发表任何意见的情况下开放讨论，你的孩子将更有可能客观地看待问题。你邀请孩子思考，而不给予任何类型的指导或判断，这一点至关重要。

避免这一点

要避免对你的孩子的情绪爆发或最初的违规行为，比如在墙上乱画，施加惩罚。对批评敏感的孩子，其实通过对批评的情绪反应已经进行了足够的自我惩罚。

对批评的敏感会使他们陷入耻辱的旋涡。这时候再去惩罚孩子，可能会加深他们的羞愧和内疚，而不是帮助他们从这个经历中成长。与你讨论就足以为他们描绘出更清晰、更客观的图景。

悲观主义和信心不足

虽然大多数儿童，特别是幼儿，一般都是心满意足的，但有些孩子会陷入旷日持久的消极思维中。这间或可能源于焦虑或抑郁等情绪障碍，但对大多数儿童来说，悲观是一种防御机制。例如，如果儿童经历了一次消极的互动，他们在遭遇类似的情况时可能会怀有戒心。或者，就像成年人一样，有些儿童可能天生比其他人更容易产生消极的想法。

如果一个儿童把他的悲观情绪铭刻在心里，他可能没有动力完成日常任务或履行责任。

这可能导致自我挫败或冷漠。总的来说，悲观的观点和行为在学龄儿童和青少年中最为常见。

树立成长的心态

成长心态指的是相信每个人都有能力成长、发展和提高的信念体系。

树立这种心态对教养的成功至关重要，你也必须为你的孩子树立榜样，以身作则。

我们经常看到成长心态与它的反面——固定心态形成对比，固定心态认为，我们的才能和智力与生俱来，不会改变。

父母可以通过不断向我们的孩子传递以下信息——他们可以控制自己的能力和选择的结果，并支持他们学习、实践和成为更好的人的动力——来教导孩子成长心态。成长心态是我们作为觉醒父母这一目标的基石，因为我们自己正处在成长的旅程中，也可以教孩子效仿我们。"今天比昨天更好"是成长心态的基础，是成功的基石。

你处在学龄期的孩子明天有一场足球比赛，你发现他没有按照教练的指导进行练习，而是到处闲逛。你问他为什么不练习，他说："呃，我知道反正我们会输，所以练习有什么意义？"

保持好奇心：问问你的孩子："如果你真的按照教练的要求进行练习，可能发生的最糟糕的情况是什么？"做好他继续顶嘴的心理准备，并以微笑回应。然后继续提问，直到他认真回答。

挑战假设：温柔地面对你孩子的消极思维："你怎么知道会变成那样呢？你确定？"如果你的孩子给以肯定回应，你可以轻松、幽默地答复。

你甚至可以说："你是不是瞒着我偷偷在哪里藏了一个水晶球？"通过这样的话告诉他，他不可能预测未来。

赞扬你孩子的能力：可以说："我知道你是个有天赋的足球运动员，因为我看过你的比赛。想象一下，如果你认真练习的话，你会有多大的进步。"

提醒孩子他的责任：至少，他对他的足球队有责任，应该在球场上尽力而为，即使结果对他们并不是有利的。

　　儿童可能由于各种原因而出现信心不足的状况。作为父母，我们有义务深入了解孩子的经历，确定孩子自信的缺乏是旷日持久的，还是来得快去得也快。如果是前者，我们可能需要做更多的工作。长期自我感觉不好的儿童，可能是受困于曾经的消极经历（如霸凌、与家人或朋友缺乏联系或抑郁），这些经历会造成他们缺乏自信。

　　当孩子还小的时候，我们可以近距离观察到他们大部分的经历。但随着他们的成长和变得更加独立，他们和我们一起度过的时间越来越少，而与世界互动的时间越来越多。我们只有通过与孩子们的沟通才能发现他们真正的遭遇。

　　看看以下例子：

　　你家的青少年大孩子很难交到朋友，因为他太焦虑以至于不敢加入任何俱乐部。

　　你家的学龄儿童甚至对最简单的东西都有选择困难症。你问他要什么颜色的冰棒，他就等着其他孩子回答，然后再依样画葫芦。

　　口头表达需要：指导你的孩子，让他对自己的需求和愿望有信心。如果他的焦虑限制了他表达自己的能力，那就给他一些词语来表达。

　　分配工作：每周给孩子一份不同的工作，让他在家里完成。一定要选择那些有助于提升家庭整体凝聚力的任务。

　　认可努力：不要装腔作势，孩子能感觉到你的言不由衷。

　　庆祝积极的贡献：每一个小小的认可都会让孩子的信心有所增强，即使他完成的事情看起来很琐碎或微不足道。大声说出来吧：

"哇！你把换洗衣服放在脏衣篮里的时候，真是太棒了。现在我不用再捡了！"或者说："你让你妹妹轮流玩这个玩具！干得好！"

– 教导认知灵活性 –

正如我们在前文所讨论的，认知灵活性是主要的执行功能技巧之一。在后文中，你将读到具体的技巧和对话实例，以帮助孩子发展认知灵活性。

当儿童的灵活思维得到充分发展时，就为其一生的学习和成长奠定了基础。

灵活性有助于儿童从不同角度看待他所处的环境和正面临的冲突。这使他们能够想出不同的方法来应对挑战，并从别人的视角看待问题。这种能力是非常有益的，因为它催生出更多的同情心和同理心，以及更强的解决问题的能力。

在灵活思维方面有困难的儿童也可能在学业上受到不利影响，因为僵化的思维不能帮助他们分析、理解、阅读段落中的细微含义，也不能为数学问题想出创造性的解决方法。

帮助儿童发展这种技能是极其重要的。

呆板僵化

你的学龄孩子在朋友的生日派对上生气了，不再玩捉人游戏，因为其他孩子都在遵循一套他不熟悉的规则。

你的小孩子在早上发脾气，因为他想继续用磁力砖搭房子而不是去学校。

确认事实：问问你的学龄期孩子："在生日聚会上发生了什么事让你生气？"对你的小孩子说："你很不高兴，因为我要求你整理你的玩具。"

认可情绪：认可并说出你孩子的感受。对你的学龄期孩子说："我可以想象，对一个你已经知道的游戏，还要学习新规则很让人不爽。"（注：你的孩子有可能因为不知道别人都知道的东西而感到被冷落或陷入社交尴尬。你可以补充说："我知道当你感到被冷落时可能会很尴尬。其实不知道新规则也没什么大不了。"）对你的小孩子说："我看得出，你很沮丧，因为你在搭塔时很开心。"

改变规则：选择另一个游戏与你的学龄期孩子一起玩儿。改变规则，探索你们能获得多少乐趣。例如，可以说："我们来玩乌诺牌吧。但不要配颜色，让我们反过来，只有在不同颜色的情况下才放下一张卡牌。"你的孩子一开始可能会犹豫不决，但他很快就会发现，以不同的方式做事也另有一番乐趣。

教导：解释说，如果当时他尝试玩新的游戏，他说不定会玩得很开心。但因为拒绝玩，所以他肯定就过得不舒心了。

给予定时警告：早上拿出磁力砖玩具的时候，看着孩子的眼睛，告诉他只玩10分钟，然后就该收拾东西去上学了。在整理时间前2分钟，走近你的孩子，与他进行眼神交流，并提醒他还有2分钟的时间可以玩。

所有年龄段的儿童都很难适应过渡期。就像思想僵化者需要时间来处理他们眼前呈现的常态那样，一个具体的定时警告会帮助你的孩子更自如地过渡，而不是突然被告知他需要停止。沙漏是一个绝佳的工具，可以让幼儿对时间有一个具象的理解。

完美主义

渴望成功的儿童通常对自己要求很高。然而，倾向于完美主义的儿童总是对自己感到失望。在我们专注于应对儿童的完美主义之前，让我们先区分一下完美主义和对成功的健康渴望。

完美主义	渴望成功的动力
不切实际的目标	自我设定的高标准
对达成目标不断感到失望	对结果普遍感到满意
导致自我贬低	导致高能量和对继续成功的渴望
导致不自信	提升自尊心

正如你所看到的，健康的、渴望成功的动力（这应该得到赞美）和自我施加的不健康、不现实的完美主义压力之间可谓迥然不同。以下是如何指导儿童放弃完美主义的方法：

你的青少年大孩子早上看起来很紧张，告诉你他今天要拿回他的数学期中考试成绩。

晚上当他从学校回家时，动不动就对你怒气冲冲的。当你问他的数学考试成绩如何时，他告诉你，他的分数比他希望的低10分，尽管他仍然得到了A。

这里有一个即学即用的技巧，可以帮助你的孩子度过特定的完美主义时期，克服随之而来的负面情绪。

支持和鼓励：对你的青少年大孩子说："你学得这么努力，不管分数怎么样，你的付出都是有价值的。"虽然这话听起来平淡无奇，甚至可能并无必要，但传递无条件的支持其实是很重要的。特别是青少年，他们可能会嘲笑你的感情表达，但内心仍然对这种支持有着深深的渴望。

认可感受：即使你觉得他得了一个 A 还失望这件事看起来很傻，此刻不妨抛开这些感觉。可以说："考得没有像你希望的那样好，一定很让你失望吧。"

设定现实的目标：提醒你的孩子，人无完人。

告诉他，完美可望不可即。举一些现实生活中那些尽管有错误和障碍仍然取得成功的名人例子。比如阿尔伯特·爱因斯坦、比尔·盖茨、J.K. 罗琳和马克·扎克伯格。

安抚孩子：一定要让他知道，即使他没有考得像自己希望的那样好，甚至即便他完全没通过考试，他仍然被爱，被珍视。

检验假设：让他逐渐放下他那种"如果没有达到自己的高期望值，他就是一个失败者"的信念。

可以说："不完美并不意味着你是个失败者。你也只是凡人，让我们一起想一些现实的目标吧。"

容易受挫

经历过焦虑或设定不切实际目标的儿童，很容易因受挫而变得沮丧。有时，在调节情绪方面有困难的儿童会被自己的挫折感所压倒。当儿童面对超出他们控制范围的障碍，以致他们无法得到想要之物时，无论他们想要的是一段关系、一件物品，还是一个特定的结果，他们都会很容易受挫。

随着儿童日渐成熟并开始更深入地了解自己的情绪，他们开始发展必要的应对技巧，以处理挫折而不表现出破坏性的反应。一个对挫折有成熟认识的孩子可能会在遇到挫折时停下来，明白自己正感到受挫，深吸一口气，然后用别的任务转移注意力而不是对原来的任务执迷不悟。

处理挫折

你的大女儿对你大喊大叫，连连跺脚，因为你告诉她你不能开车送她去朋友家。

你的学龄前孩子扔了一个玩具，因为它没有按照她想要的方式运行。

你可以教会孩子在任何情况下应对挫折的健康办法。这里有一些小贴士：

认可感受：认可并说出孩子的感受。对你的大女儿说："我可以想象，不能做你想做的事情是很令人沮丧的。"对你的学龄前孩子说："当你的玩具不能按你想要的方式运行时，这很让人沮丧。"把挫折说出来有助于孩子开始认识到她何时有这种感觉，并传达理解和共情。

正念呼吸：鼓励孩子用你在平静状况下教他的呼吸技巧来呼吸。

设定限制：虽然孩子感到沮丧是正常的，但你的孩子需要明白有一些用来表达沮丧的方式是不可接受的。对你的大女儿说："我知道你很沮丧。我们每个人都会有这种感觉。但你不能对我大喊大叫。"对你的学龄前孩子说："我知道你很沮丧，但是乱扔玩具会砸到别人。"

集思广益，提出替代方案：对你的大女儿说："找到一种健康的方式来表达你的挫折感是很重要的，这样你就可以努力克服它。有什么更尊重他人的方式来表达你的挫折感呢？"当她想出主意时，应以鼓励和积极的方式回应。问问你的学龄前孩子："有什么更安全的方式来告诉我你感到沮丧？"不要让她轻易放弃。确保你的孩子想出一些想法。

试试这样做

如果你的孩子在运用适当的词汇方面有困难，给她一些建议。可以说："也许你可以深吸一口气，然后说：'妈妈，这没有用。你能帮我吗？'"

惧怕变化

惧怕变化是缺乏强大执行功能技巧的儿童的常见特点。这种恐惧可能源于潜在的不安全感，如过去的创伤。

经历过创伤的儿童可能对不确定性和变化的适应能力较差。

在克里斯蒂娜·库尔图瓦博士的一项研究中，因虐待或战争而遭受创伤的儿童更难适应新的生活或环境的变化。一些儿童感到恐惧是因为他们缺乏积极的人际联系。另一些则同时经历了太多的变化。许多儿童，特别是学步幼儿，在发展上还没有达到相应阶段，使他们能够适应日常生活、环境或情况的变化。

你的家庭搬到了另一个城市，你的青少年大孩子闹腾得厉害。他原本温和顺从，现在却变得动荡不安，脾气暴躁。你让他把垃圾拿出去，他就冲你发火。

自从搬家后，你的小孩子就很容易哭闹，很难平静下来。

认可感受：留出一些时间，让你和孩子一起坐下来。对你的青少年大孩子说："我知道最近你的生活发生了很多变化。"只要承认这个事实，就能让你的孩子有一种巨大的解脱感。

幼儿可能无法理解或认识到这种更深层次的恐惧或变化，所以你可以说："这感觉很新鲜，很可怕。我明白。无论怎样，我都爱你。"

共同制订一个游戏计划：向你的青少年大孩子提出这样的想法：你希望每天放学后和他坐下聊聊一天的情况。给你的孩子这个宣泄口可以帮助他在这个变化的时期感受到支持。

– 设置与达成目标 –

设置与达成目标的能力也属于执行功能技巧的范畴。掌握这种能力可能是一辈子的事情。磨炼这一技能可以让儿童获益良多，如提供成功的动力，培养乐观的态度。

组织能力差

当儿童表现出较差的组织能力时，人们往往认为他们是懒惰或混乱，但情况并不一定如此。幼儿可能在组织方面有问题，因为他们执行功能的这一部分还没有完全发育。随着年龄的增长，许多儿童会变得更加有条理。

有的儿童这种技能发展就是比他们的同龄人更慢，这对任何人来说都是令人沮丧的。有些儿童因为压力或疲劳而经历混乱时刻，这些因素可能拉低前额叶皮质的表现。下面让我们讨论一下你如何帮助孩子提高组织能力。

你的学龄期孩子即将参加一个科学展览。可他把所有的时间都花在了他喜欢的其他活动上，你对他的展出活动所做的不断提醒，他似乎都置若罔闻。在科学展的前一天，他抛出了一个看起来就很草率的项目，不出意外他得到了很差的分数。

你的学龄前孩子早上要花很长时间来收拾、准备。你得不断要求他穿上鞋子。在离家前5分钟，你问他的鞋子在哪里，他告诉你他找不到了。

安抚孩子：告诉他你知道他并不懒惰或脏乱。说出他所拥有的一些具体优点。

表示支持：表明你知道他想变得有条理，而你是来帮助他找出一个更好的方法。

使用工具：主动帮助你的学龄期孩子创建他自己的计划表、检查表、日程表或白板。

与你的学龄前孩子一起制订一个可视化的日程表。

对于大多数孩子来说，任何有质感的、具体的组织工具都会对其有很大帮助。但每一种工具提供帮助的方式不尽相同。征求孩子的意见，了解哪一种对他最有用。如果你让他参与这个过程，他会有更大可能使用它。

优柔寡断

无法作出决定可能是缺乏判断力的结果。在大脑的判断中心充分发育之前，儿童甚至青少年都可能没有能力思考假设情景或其决定的长期后果。他们可能根本无法作出决定，也可能作出错误的决定。大一点的儿童可能会表现得优柔寡断，因为他们明白，如果他们选择一个选项，就会失去另一个同样有吸引力的选项。

你家的大女儿需要选择上哪所大学。最后期限越来越近，她却还在举棋不定，你担心她最后会别无选择。

你和你的小女儿在买冰激凌，你身后排起了长队。她正在纠结之中，并未在意等待的队列。

认可感受：对你的大姑娘说："我知道这是个艰难的决定。"对你的小女儿说："你一定很喜欢冰激凌，所以你很难选择一种口味。"

记住你与她同在：向你的大女儿保证，你会支持她的任何选择。温和地强调，她必须在某个时间内决定选择哪个学校。

告诉她："让我们一起坐下来，想出一份利弊清单。然后你可以花一天时间考虑一下。"

提供备选：给你的小女儿两个选择。告诉她："你可以选择樱桃味或巧克力味。我会在手机上设一个一分钟的计时。如果你到时不选择，我可以替你选。"

解释潜在的后果：提醒你的大女儿，大学对截止日期非常重视。如果她在明天之前不给你答复，她可能会失去申请资格，无学可上。她所有的朋友都将去上大学，而她将不得不另寻出路。向你的小女儿展示你身后不断延长的队伍，这样她就能看到其他人在等待。

缺乏跟进

承担责任和义务并不是天生的技能。它们必须被教导和强化。

当孩子还小的时候，我们会原谅他们不断地将注意力从一个活动转移到另一个活动。如果一个孩子踢完了球，却突然停下来开始追逐其他东西时，我们并不会感到不安。但当他们进入青春期，随后迈入青少年时期，我们开始期待更多。随着他们责任能力的提高，我们的期望也水涨船高。

青少年很容易就会兴奋起来。萨利·布朗和凯特·格思里的一项研究表明，青少年的许多高风险行为源于他们"活在当下"的能力。他们可以对某件事情表现出难以置信的热情和决心，直到他们的注意力被另一件事情吸引去。这种兴趣的转变并不是为了把我们逼疯，而是要让他们不断探索新获得的独立性。

你的青少年大孩子一直在偷懒，不做摆放餐具的工作。他还告诉你他想退出棒球队，想在放学后去滑板公园。

庆祝以往的成功：找出以往他确实履行承诺的时刻，即使只是一件小事。谈谈那是多棒的经历，他感到多么有成就。

讨论一下原因：解释每个人都有责任。

如果我们不坚守自己的责任，有凝聚力的家庭就会分崩离析。

打一个运动队的比方。如果一个位置没有人，另一队就会得分。

不做孩子的救世主

作为父母，我们的首要愿望是消除孩子的不适和痛苦。当你发现自己很想把孩子从不适或痛苦的环境中解救出来时，请记住，拯救他们并不能教会他们必要的生活技能以在下次直面类似的情况。这实际上只会适得其反，因为孩子会学会在困难的时候依赖你来拯救他们。

当你看到孩子在犯错时遭受痛苦而感到不知所措时，请记住你不可能时时刻刻都在他们身边拯救他们。允许他们从错误中学习，才能确保他们在未来拥有应对逆境的技能。

看到孩子痛苦挣扎，对父母而言确实很难，但支持他们，鼓励他们，并教授他们征服挑战的技能，最终会被证明是值得的。作为父母，我们的角色是成为他们的老师和教练，而不是他们的救世主。

你的孩子是否存在以下学习问题

其他因素也会导致执行功能低下。

如果你的孩子发育特别迟缓，或者书中的技巧不起作用，你可能需要咨询专业的诊断师，以排除孩子的以下学习或思维差异。

注意缺陷多动症（ADHD）是一种影响执行功能的学习障碍。患有ADHD的儿童可能表现出冲动、注意力不集中、注意力过度集中，以及在组织、计划、时间管理和情绪调节方面的障碍。

阅读障碍是一种神经性学习障碍，以阅读困难为特征。由于有阅读障碍的儿童要花费大量的时间和精力来理解书面文字，他们可能会变得心烦意乱、有破坏性、对抗性或感到沮丧。

听觉处理障碍（APD）会影响儿童理解和处理语言的能力。患有APD的儿童很难集中注意力，因为他们不理解他们所听到的内容，很容易失去注意力。他们也可能在嘈杂的环境中表现得退缩。

感觉处理障碍（SPD）在前文中已有所提及。

如果你认为你的孩子可能正遭受这些生理障碍，请向儿科医生寻求专业帮助，以获得正确的诊断。早期干预以及学业和感官调节可以帮助许多特殊儿童茁壮成长。

实行问责制：使用符合逻辑的后果。告诉你的青少年大孩子：“如果你不能为晚餐摆放桌子和餐具，那么你就不能看电视。”你也可以告诉他，如果他不打算履行对棒球队和教练的承诺，放学后他就得直接回家。

– 解决冲突 –

当你在处理与孩子的冲突时，很容易陷入无效的沟通方式。以下是一些手段，可用来对抗这些无效的和适得其反的冲突解决方式。

讨价还价

与你的孩子不断谈判可能会让人筋疲力尽。

当被父母给予一个期望或限制时，许多脾气倔强的孩子宁愿争吵和讨价还价，也不愿不战而降。对自主权的渴望是这种行为背后的驱动力。但是，我们如何将这种讨价还价扼杀在萌芽状态，使其不至于旷日持久的争吵或更糟？

你的大女儿问你，她是否可以和她的朋友一起去看电影。你告诉她不行，因为她有太多的家庭作业没做。但她却来和你谈判，试图用未来帮做家务来换取看电影的权利。

当你在塔吉特百货购物时，你的幼儿园小孩子要求买一个玩具，你告诉她不可以。她又问，你还是说不。她继续讨价还价，说："来嘛，爸爸，如果你给我买玩具，我就把家里的所有玩具都整理好。"

下面的技巧是由正面管教专家林恩·洛特提出的，对任何年龄段孩子都适用：

可以问："你听说过'一问一答'的游戏吗？"（你的孩子会说没有。）

重新叙述：问你的大女儿："你有没有问我去看电影的事？"

问你的幼儿园小孩子："你有没有向我要玩具？"你的孩子会说是的。

设定限制："我有没有给你答案？"你的孩子可能会说是的，然后继续讨价还价。说："我已经回答了你，我的答案是不可以。请不要再问我了，因为答案不会改变。"以后孩子每一次试图与你讨价还价，都应该得到同一个回应："一问一答。"

打破"期待奖赏"

这个世界的绝大部分都是在奖惩制度下运行的。

即使你不在家里使用这个制度，你的孩子在学校、运动队和他的日常生活经历中也学会了这一点，即如果他做了积极的事情，他就会得到奖励。孩子很快就会知道，这是一个从你那里得到好东西的有效方法。

你要求你的学龄期孩子把他的脏衣服从地上捡起来。当他完成任务后，他靠近你说："我捡起来了，现在可以吃一根冰棒吗？"

你的青少年大孩子回家时跟你说，他的考试成绩有所提高。他给你看成绩单并问道："现在你能给我买那个新的电子游戏机了吗？"

为了打破期待奖赏的习惯，可以用下面的方式来代替单纯的物质奖励。

对你的学龄期孩子说："你按照我的要求捡起了你的衣服。很好！现在地板干净了，我们可以像你那天要求的那样玩大富翁。"

对你的青少年大孩子说："跟上次比你的进步非常大，真令人惊讶！让我们一起去看你想看的那部电影来庆祝一下吧。"

– 试试这个策略 –

如果你正在寻找其他方法来参与和评估你孩子的行为，可以尝试以下所列策略。

积极肯定

本章所讨论的许多行为都是源自不良的执行功能技巧，这很容易导致低自尊。积极的肯定是加强孩子自我感知的有效方法。

在心情平静的时刻，与你的孩子坐在一起，一起集思广益，制订一份积极的自我谈话陈述清单。

制作一个视觉提示板，并把它挂在墙上，提醒孩子每天使用这些肯定话语。例如"我今天要做得最好"和"我足够好"。

感恩日记

帮助孩子保持积极向上并培养成长心态的另一个方法是教他对生活中所有的祝福和积极事物表示感激。

一起去商店，让他挑选一本日记本。

鼓励他每天写日记，来回答各种激发他感激之情的提示问题。以下是一些例子："这周发生的你最开心的事情是什么？""你今天想完成什么任务？""说出你做得非常棒的事情"。你还可以找到包含针对不同年龄组和兴趣的写作提示的日记本。

> 「准则」
>
> 我在这里帮你学习你需要的手段。我们是在一起的。
>
> 当我感到自己想要拯救我的孩子时，我要抵制这种感受。他正在学习和成长。
>
> 我将引导你意识到自己的优缺点。

「 要点重述 」

大多数儿童活在当下，并以过程为导向

大多数孩子易被不现实的目标驱动

↓ 导致

↓ 导致

他们普遍缺乏自我反省意识

结果的不完美，从而失去自信

家长要做的

★ 当孩子们还小的时候，我们作为监护人保护他们的安全；随着他们年龄的增长，我们的角色应该转变为教导者或引导者

帮孩子做好情绪管理：
情绪管理对于儿童将来过上富有成效的生活至关重要

帮孩子建立认知灵活性：
认知灵活性使儿童能够转变他们的思维方式，并从其他角度看待问题

情绪的自我调节是以学习曲线形式发生的

「反思」

▶ 在引导孩子寻找解决自己问题的方法方面，你有什么心得体会？

_____

_____

_____

_____

_____

_____

_____

_____

_____

▶ 在这些挑战行为中，哪种行为最能引起你的共鸣？

_____

_____

_____

_____

_____

_____

_____

_____

_____

_____

第六节　有效陪伴

你做到了！恭喜你走出舒适区，渴望并愿意去对自己的教养方法加以质疑、评估和改进。到目前为止，你已经了解了各种错误行为及其可能的原因，还有不少当下可用的，有助于你把冲突时刻转化为实现成长和联系机会的技巧，但依然任重道远。觉醒式育儿是一趟你和孩子不断经历发现和成长的旅程。本节探讨了如何在家中利用持续的正念练习和陪伴为整个家庭培养和维持一种觉醒的教养文化。

– 培养正念 –

正如我们所发现的，实现情绪调节是以觉醒方式面对冲突的最重要方面。这里有一些可持续的自我调节练习，如果常加练习，可以帮助你保持深度的正念，并让你度过那些混乱的时刻。

身体扫描

身体扫描可以帮助你在忙碌的一天中感到相对平静和放松。你可以在躺下或静坐时进行。

闭上眼睛：专注于自己的呼吸，感受它的节奏。

专注于自己的身体：感觉如何？是冷，还是热？专注于衣服的面料和它在你皮肤上的感觉。

缓慢地体会身体的感受：花一些时间集中注意身体的每个部位，从脚趾到头部。注意力在每个部位逗留一会儿。你是否感到疼痛？你是放松了，还是肌肉拉得很紧？

睁开眼睛：一旦你扫描了整个身体，就睁开你的眼睛。

你可以在任何时候做这个正念练习，但我建议你在早上醒来还躺在床上时至少做一次，还有在一天结束即将去接孩子时在车里做一次。

正念之"见"

有时我们先入为主的想法会让人窒息。

这里有一个练习，可以帮助你从头脑的混乱中突围。

找一个靠近窗户的座位。

静坐：专注于你能看到的每一个事物。

看：注意它们的特征、颜色、质地和声音，而不是把它们标记为树木、动物、云朵等。

观察：这些物体是移动还是保持静止？试着专注于这样一个概念上：这只是大千世界的一个小小缩影。问问自己："从未见过这个场景的人会如何看待它？"这种正念练习对于在关键时刻保持冷静至关重要。你做的次数越多，你在这类时刻按下暂停键并恢复平静的能力就越强。

五感练习

你可以在任何情况、场景或环境下进行这个练习，以便在时间不足时，也能使自己进入正念的状态。当坐在一个舒适的位置上时，环顾四周，注意那些你能用五官感受到的东西。

找出一件你能看到的东西。注意它的所有细节：颜色、形态和大小。说出一个你通常不会注意到的属性。

找出一件你能触摸到的东西。它是光滑的，还是凹凸不平的？是冷，还是热？这件东西可以是你的衣服，你周围的某物，或其他容易接触到的事物。

找出一种你能听到的声音。确定声音来自何处。它是前景音还是背景音？响不响？是突然出现的还是持续不断？

找出一种你能闻到的气味。闭上眼睛，专注于一种你平时可能不会过滤掉的气味。它是令人愉悦的，还是令人不快的？这气味是属于你周围的环境，还是显得格格不入？

找出一件你可以品尝的东西。如果你在吃东西、喝水或咀嚼什么，就把注意力放在这上面。如果没有，你现在嘴里的味道如何？你甚至可以张开你的嘴，尝尝你周围的空气是什么味道。

当你开始感到压力或焦虑时，或在快节奏的情况下，如早上为孩子们做准备或晚上准备睡觉时，这方法对你特别有帮助。

- 建立仪式感 -

所有年龄段的儿童都在有规律的生活中茁壮成长。一些惯例仪式不仅会为孩子营造和培养一种安全感，而且还能持续保持你和他们良好的亲子关系。对这些稳定和持续的联系机会的重要性，是怎么强调都不为过的。

家庭加油呐喊

　　早晨可能是一天中最混乱的时刻之一。你需要兼顾公司和学校的准备工作，做早餐，穿衣服，并确保孩子按时到校，可以说是压力山大。因此，我们经常在情感联系断开的状态下开始我们的一天。

　　如果孩子被送到学校或托儿所时没有安全感，就很容易出现不良行为和冲突。做一个家庭加油呐喊，让你的家庭成员有机会在彼此分开之前重新在感情上联系起来。

　　这个仪式最好的一点就是简单。像运动队一样围在一起，把你们的手叠在中间，并喊道："史密斯家！"或其他体现你的家庭价值观的口号。这将是你的孩子在上学时记住的最后一幕，而不是上学前的混乱时刻。

舞会

　　我们在前文中了解到了音乐对大脑的好处，它能引起快乐激素如多巴胺和血清素的瞬间释放。这些化学物质创造了一种平和安宁的感觉，使大脑更容易接受来自他人的建议。

　　和音乐一样，舞蹈也会促进大脑中某些激素类物质的释放。音乐加上跳舞，可以立即提升联系的感觉。

　　在紧张的时刻或融洽的时候，放点音乐，和孩子一起跳跳舞，可以营造出爱与合作的氛围。

安全空间

如果实施得当，安全空间可为儿童提供按自己的步调自我调节的机会。安全空间应该是你家里的一个指定区域。它应该是舒适和惬意的（想象一下里面有枕头、毯子、毛绒玩具），并有书籍和感官瓶等工具来帮助儿童进行自我调节。

请记住，安全空间绝不应被用作"暂停时间"，而是作为孩子在混乱或冲突时刻的休息场所。你可以在前面章节中阅读更多关于如何使用安全空间的内容。

在大家心情平静的时候，向你的孩子展示安全空间。要求他参与到空间的设置和空间内物品的摆放中来。如果孩子领会了设置安全空间的目的，他将更有可能在需要的时候去那里避难。

可视化的日程表

所有年龄段的儿童都乐于对图像进行响应。由于幼儿无法阅读文字，他们与图像的联系尤其深刻。坐下来与孩子一起就不同的任务和责任进行头脑风暴，在其中纳入可视化日程表。

这些日程表的好处是巨大的。孩子要记住的东西太多，以至于他们可能会不知所措，难以承担自己的责任。这种压力会导致各种消极行为的出现。

如果孩子参与制订日程表，他们将更有可能愿意遵守这种安排。让这个过程变得有趣——让他们尽情地涂抹装饰日程表，发挥他们的创造力！

深呼吸练习

本书强调了腹部深呼吸的生理重要性，以及它对我们所有人，包括父母和孩子都有的镇静作用。为了帮助你的孩子进行情绪调节，应在他冷静平和时强化这些有意识的技巧，这样当压力出现时，他就可以很熟练地运用这些技巧。

让孩子把手放在肚子上，问他呼吸时身体的哪些部位会动。指导他以深入缓慢的方式呼吸，使他的腹部，而不是肩部，鼓进鼓出。这需要一些练习。

一旦他掌握了这种横膈膜式呼吸，就慢慢引导他进行呼气和吸气，每天练习。

用吸管呼吸也可以帮助孩子做到这种类型的呼吸。通过泡泡棒吹泡泡，可以训练孩子以缓慢而均匀的方式呼吸。

– 建立关系 –

人与人之间的联系对孩子的健康发展是至关重要的。虽然父母和主要照顾者在孩子的发展过程中扮演着最重要的角色，但兄弟姐妹、同住一个社区的人、老师和朋友也是促进孩子成功所不可或缺的因素。老话说，"养孩子要靠全村的力量"，此言不虚。

这里有一些可以帮助孩子培养更强归属感的例子。

家庭聚会

日常生活中的庸庸碌碌，很容易让我们忘记与家庭的羁绊。作为成年人，我们可能尚可应付，但我们的孩子更需要这种联系和羁绊。

有一种方法可以确保你的家庭成员都感到自己是被维护、被关注、被认可的，那就是定期安排家庭聚会。理想的情况是每天大家都能在餐桌边聚首，如果做不到这一点，就确保至少每周聚一次。

我的家人每周六都会坐在一起畅所欲言，谈论他或她这一周遇到的挑战和取得的成就。

社区参与

参与到社区中去，是培养有良知，有同理心，并对他人有同情心的儿童的关键。为孩子创造机会去亲身体会为他人付出的感觉吧。

找到你所在地区的社区中心，询问你们一家作为志愿者服务的机会，例如在汤屋准备饭菜，或者为有需要的人打包或运送物资。如此，你的孩子将感受到与周围更大的社区联系的积极影响。

交笔友

一旦儿童能够阅读和书写，这种老式的沟通方式对他们将大有裨益。与来自不同地方、经历不同环境的孩子建立有意义的联系，可以帮助发展孩子的认知灵活性。当孩子能够理解另一个人的观点时，这种执行功能技巧会得到加强。

与笔友通信还能培养他们的耐心、同情心和诸如互惠这样的社会技能，而收到信或电子邮件后的兴奋感也能催生真正的快乐。

「 要点重述 」

你可以在任何环境或地点练习正念

所有年龄和发展阶段的儿童都在仪式和惯例中茁壮成长

舞蹈会触发大脑中催产素和天然阿片类药物的释放

安全空间不应该被用来逃避责任，而是用来实践正念、反省和调节情绪的

培养关系对于在我们孩子的生活中保持健康的联系是至关重要的

「反思」

▶ 你有什么已经在家庭中实行的仪式吗？

_____
_____
_____
_____
_____
_____

▶ 你觉得这里提供的哪个练习对你来说最实用？

_____
_____
_____
_____
_____
_____

▶ 你最想在家里实施哪种惯例或仪式？

_____
_____
_____
_____

参考书目

The Conscious Parent: Transforming Ourselves, Empowering Our Children by Dr. Shefali Tsabary

How to Talk So Kids Will Listen and Listen So Kids Will Talk by Adele Faber and Elaine Mazlish

No Bad Kids: Toddler Discipline Without Shame by Janet Lansbury

Parenting from the Inside Out: How a Deeper Self-Understanding Can Help You Raise Children Who Thrive by Daniel J. Siegel and Mary Hartzell

Peaceful Parent, Happy Kids: How to Stop Yelling and Start Connecting by Dr. Laura Markham

Positive Discipline: The Classic Guide to Helping Children Develop Self-Discipline, Responsibility, Cooperation, and Problem-Solving Skills by Jane Nelsen, Ed.D.

Raising Your Spirited Child: A Guide for Parents Whose Child Is More Intense, Sensitive, Perceptive, Persistent, and Energetic by Mary Sheedy Kurcinka

The Whole-Brain Child: 12 Revolutionary Strategies to Nurture Your Child's Developing Mind by Daniel J. Siegel and Tina Payne Bryson

Podcast

Respectful Parenting: Janet Lansbury Unruffled

参考文献

Ackerman, Courtney E. "22 Mindfulness Exercises, Techniques, and Activities for Adults."Positive Psychology.com.Accessed April 2020. positive psychology.com /mindfulness-exercises-techniques-activities/.

Aron, Elaine N.The Highly Sensitive Child：Helping Our Children Thrive When the World Overwhelms Them.New York：Harmony Books, 2002.

Bannan, Karen J. "Why Toddlers Always Say 'No!'"Parents .com. Accessed March 2020. parents.com/toddlers -preschoolers/development/behavioral/why-toddlers -always-say-no/.

BMJ."What's on Your Surgeon's Playlist?"EurekaAlert!.December 11, 2014. eurekalert.org/pub_releases/2014-12 /bmj-woy121014.php.

Bowen, Will.Complaint Free Relationships：Transforming Your Life One Relationship at a Time.New York：Harmony Books, 2009.

Brown, Sally, and Kate Guthrie."Why Don't Teenagers Use Contraception? A Qualitative Interview Study."European Journal of

Contraception and Reproductive Health Care15, no. 3 (2010)：197–204. doi.org/10.3109 /13625181003763456.

Center for Parenting Education."Perfectionism in Children."Accessed April 2020. centerforparenting education.org/library-of-articles/school-and -learning-issues/perfectionism-in-children/.

Center on the Developing Child at Harvard University."Brain Architecture."Accessed March 2020.developingchild.harvard.edu/science/ key-concepts /brain-architecture/.

————."Executive Function and Self-Regulation."Accessed March 2020. developingchild.harvard.edu/science /key-concepts/executive-function/.

Chang, Rosemarie Sokol, and Nicholas S. Thompson."The Attention-Getting Capacity of Whines and Child- Directed Speech."Evolutionary Psychology 8, no. 2 (2010). doi.org/10.1177/147470491000800209.

Cleveland Clinic."What Happens to Your Body During the Fight or Flight Response?"December 9, 2019. health .clevelandclinic.org/what-happens-to-your-body-during -the-fight-or-flight-response/.

Courtois, Christine A. "Complex Trauma, Complex Reactions: Assessment and Treatment."Psychotherapy: Theory, Research, Practice, Training41, no. 4 (2004): 412–25. doi.org/10.1037/0033-3204.41.4.412.

Crisis Text Line."How to Deal with Self Harm."Accessed April 2020. crisistextline.org/topics/self-harm/#types -of-self-harm-2.

Davis, Jeanie Lerche."Teenagers: Why Do They Rebel?"WebMD. Accessed March 2020. webmd.com /parenting/features/teenagers-why-do-they-rebel#1.

Diproperzio, Linda."Language Development Milestones: Ages 1 to 4."Parents.com.Accessed March 2020. parents .com/toddlers-preschoolers/development/language /language-development-milestones-ages-1-to-4/.

Franz, Julia."Teenage Indecision? That's Just the Growing Brain, a New Study Says."The World.January 29, 2017.pri.org/stories/2017-01-29/teenage-indecision-s-just -growing-brain-new-study-says.

Fraser-Thill, Rebecca."Benefits of Having a Pen Pal."VeryWell Family.October 22, 2019. verywellfamily .com/benefits-of-having-a-pen-pal-3288504.

Gartrell, Dan.A Guidance Approach for the Encouraging Classroom. Belmont, CA：Wadsworth Cengage, 2014.

Gathercole, Susan.E. "The Development of Memory."Journal of Child Psychology and Psychiatry39, no. 1 (1998)：3–27. doi. org/10.1111/1469-7610.00301.

Glenn, Stephen H., Lynn Lott, and Jane Nelsen. Positive Discipline A–Z：1001 Solutions to Everyday Parenting Problems.3rd ed. New York：Harmony Books, 2007.

GoodTherapy."Trigger."Accessed March 2020. goodtherapy.org/ blog/psychpedia/trigger.

Gongala, Sagari."Understanding Teenage Behavior Problems and Tips to Handle Them."MomJunction. November 8, 2019. momjunction.com/ articles/important -teenage-behavioural-problems-solutions_0010084/. Gowmon, Vince."6 Ways Children Live in the Present Moment."Accessed April 2020. vincegowmon.com /6-ways-children-live-in-the-present-moment/.

Harvard Health Blog."The Adolescent Brain：Beyond Raging Hormones."Last modified March 2011. health .harvard.edu/mind-andmood/the-adolescent-brain -beyond-raging-hormones.

Johnson, Sara B., Robert W. Blum, and Jay N. Giedd. "Adolescent Maturity and the Brain: The Promise and Pitfalls of Neuroscience Research in Adolescent Health Policy."Journal of Adolescent Health45, no. 3 (2009): 216–21. doi.org/10.1016/j.jadohealth.2009.05.016.

Katz, Brigit."My Child Is a Bully: What Should I Do?"Child Mind Institute.Accessed April 2020. childmind.org /article/what-to-do-if-your-child-is-bullying/.

Kristal, Jan.The Temperament Perspective: Working with Children's Behavioral Styles.Towson, MD: Brookes, 2005.

———."Working with Sensitive, Withdrawing Children."The Highly Sensitive Person.March 28, 2007. hsperson .com/working-with-sensitive-withdrawing-children/.

Lansbury, Janet."What to Do about a Toddler Toy Taker."Accessed March 2020. janetlansbury.com/2011/02 /what-to-do-about-a-toddler-toy-taker/.

Making Caring Common Project."For Families: 5 Tips for

Cultivating Empathy."Accessed April 2020. mcc.gse .harvard.edu/ resources-for-families/5-tips-cultivating -empathy.

Maxon, Danielle."Mirroring Your Child's Intense Emotions：4 Easy Steps."April 7, 2016. daniellemaxon .com/blog/2016/4/6/mirroring-your-childs-intense -emotions.

Mental Health America."Self-Injury (Cutting, Self-Harm or Self-Mutilation)."Accessed March 2020. mha national.org/conditions/self-injury-cutting-self-harm -or-self-mutilation.

Morin, Amy."Common Child Behavior Problems and Their Solutions."Verywell Family.Last modified September 14, 2019. verywellfamily.com/common-child-behavior-problems-and-their-solutions-1094944.

———."How to Discipline a Child for Spitting."Verywell Family. Last modified December 7, 2019. verywellfamily.com/the-best-way-to-discipline-a-child-for-spitting -1094999.

Novotney, Amy."Parenting That Works."Monitor on Psychology43, no. 9 (2012)：44. apa.org/monitor/2012/10 /parenting.

Patterson, G. R., and M. S. Forgatch."Predicting Future Clinical Adjustment from Treatment Outcome and Process Variables."Psychological Assessment7, no. 3 (1995)：275–85. doi.org/10.1037/1040-3590.7.3.275.

PBS Kids for Parents."Practice Mindfulness with Belly Breathing."Accessed April 2020. pbs.org/parents/crafts -and-experiments/ practice-mindfulness-with-belly -breathing.

Pegasus：The Magazine of the University of Central Florida."Your Brain on Music."Accessed March 2020. ucf.edu/pegasus/your-brain-on-music/.

Pincus, Debbie."When Parents Disagree：How to Parent as a Team."Empowering Parents.Accessed April 2020. empoweringparents. com/article/when-parents -disagree-how-to-parent-as-a-team/.

Positive Discipline."About Positive Discipline."Accessed March 2020. positivediscipline.com/about-positive -discipline.

ProSolutions Training."Facing the Most Common Problems within Preschool Classrooms."Accessed March 2020. prosolutionstraining.com/ resources/articles/ facing-the-most-common-problems-within-preschool -classrooms.cfm.

Rosen, Peg."Flexible Thinking： What You Need to Know."Understood. Accessed April 2020. understood.org/en/learning-thinking-differences/ child-learning -disabilities/executive-functioning-issues/flexible -thinking-what-you-need-to-know.

Stephens, Karen."Parents Are Powerful Role Models for Children." Parenting Exchange.Accessed March 2020. easternflorida.edu/community-resources/child-development-centers/parent-resource-library /documents/ parents-powerful-role-models.pdf.

Substance Abuse and Mental Health Services Administration. Trauma-Informed Care in Behavioral Health Services.Treatment Improvement Protocol (TIP) Series 57.HHS Publication No. (SMA) 13-4801.Rockville, MD： Substance Abuse and Mental Health Services Administration, 2014.

Sühendan, Er."Using Total Physical Response Method in Early Childhood Foreign Language Teaching Environments."Procedia Social and Behavioral Sciences93, no. 21 (2013)： 1766–68. doi.org/10.1016 / j.sbspro.2013.10.113.

TeenMentalHealth.org."Understanding Self-Injury /Self-Harm."Accessed March 2020. teenmentalhealth .org/understanding-self-injury-self-harm/.

Understood."Understanding Your Child's Trouble with Organization." Accessed April 2020. understood.org/en/learning-thinking-differences/ child-learning -disabilities/organization-issues/understanding-your-childs- trouble-with-organization-and-time -management.

University of Rochester Medical Center."Understanding the Teen Brain."Health Encyclopedia.Accessed March 2020. urmc.rochester.edu/ encyclopedia/content .aspx?ContentTypeID=1&ContentID=3051.

Wallace, Marion."Wallace, Marion."In V. Zeigler-Hill and T. Shackelford (eds.),Encyclopedia of Personality and Individual Differences. Cham：Springer, 2016. doi.org /10.1007/978-3-319-28099-8_2157-1.

WebMD."What Are PTSD Triggers?"Accessed March 2020. webmd. com/mental-health/what-are-ptsd -triggers#1.

Wilson, Catherine."Understanding Highly Sensitive Children." Accessed March 2020. focusonthefamily.ca /content/understanding- highly-sensitive-children.

WorkLife4You."Positive Parenting Strategies for the Teenage Years."Accessed March 2020. mftonlineceus .com/ceus-online/ce- difficult-teens/CE-Positive -Parenting-Strategies.pdf.

致　谢

　　撰写本书是一段改变人生的旅程，而如果没有得到这么多人的帮助和投入，我不可能独自走完这段旅程。

　　感谢 Callisto 传媒公司，更确切地说，感谢我的编辑安妮·崔，感谢你的辛勤工作、耐心和无可挑剔的编辑技巧。

　　感谢我的众多导师，这些年来，是你们教会我如何成为一个更好的教育者，一个更称职的家长，谢谢你们。

　　感谢陪伴我一路走来的学生们，对你们，我要引用《塔木德经》中的一句话："我从我的老师那里学到了很多，从我的同事那里学到了更多，从我的学生那里学到了最多。"

　　感谢我的父母、兄弟姐妹、祖母和姻亲们，感谢你们无条件的爱与支持。是你们始终给我打气，说我能够做到，我才有了自信。

　　还要感谢我那了不起的丈夫，感谢你所做的一切：你对我坚定不移的信任，你的耐心和理解，还有你那始终如一的同情和忘我。谢谢你在我赶稿时陪我熬夜，在我需要你的时候帮我收拾烂摊子。我爱你。

编者后记

可能是作为一个妈妈，受够了自己辅导孩子写作业时的歇斯底里、面目可憎，也可能是被孩子的无动于衷刺激得发疯，我觉得在和孩子沟通、好好教育孩子这件事情上，我已经绝望了。直到倩宇推荐这本书给我。

这本书的英文名字是 *Rethinking Discipline*，直译过来就是《反思训练》。我当时心里就想，这是啥？后来看了书的内容，才发现，原来这书是让父母反思自己怎么教育孩子的。我就呵呵了，教育方法国内国外那么多种，但孩子一人一个样儿，哪里有什么育儿的标准答案啊。

于是，收到样书后，我就把它放到角落里生灰去了。直到后来倩宇又问我，这本书看完没有，怎么评估。我不好意思说还没看，只说过两天回复她。不管好与不好，我都理应认真看完，再给出我的评估意见。

然后，我就觉得，这本书被书名耽误了。里面的例子，就在我们身边；其中讲到的那些问题，自家孩子身上都有；作者提出的解决办法，好像应该挺有用。于是，我越看越觉得，自己之前生那么些气，真的是，自找的。

现在的孩子已经跟我们小的时候不一样了。我们小的时候，自己就知道要好好上课好好学习，现在的孩子，觉得学习是别人的，跟他们没有一毛钱关系。你给他讲道理：学习是给你自己学的，人家立马撑一句：是啊，学习是给我自己学的，那我不想学不行吗？又不是给你学的，你管我学不学呢！

所以，教育和沟通方式也早就该变一变了。

感谢这本书，让我一步步实践书中的方法，和孩子的沟通不再是拳头打进棉花里，而是更为有效；我发脾气的时候也越来越少，每当我的情绪濒临失控的边缘，我能及时刹住，深呼吸，冷静下来，将争议搁置，忽略孩子故意说的气你的话，等双方都冷静下来，再解决问题。

当然，我并不总能 hold 得住，这种时候，父母也不必要时时都忍、事事都忍，谁都有忍不了的时候。忍不了，该出手时就出手吧，觉醒式育儿中掺和进去一两次传统育儿法，也不是不行，毕竟，做父母本身就是一种修炼。

再次感谢这本书，让我和儿子的关系不再剑拔弩张，他不再事事跟我对着干，而是已经能主动跟我沟通了。所以，我引进了这本书的中文翻译版权，以让更多的妈妈找到和儿女沟通的那道桥梁，亲子关系更和谐，养育更独立、更自信、更能应对挫折和逆境的孩子。

陈丽娜

图字：01-2022-0062

Copyright © 2020 Callisto Media, Inc.
First Published in English by Rockridge Press, an imprint of Callisto Media, Inc.

图书在版编目（CIP）数据

觉醒的父母：这样做，孩子才肯听 /（美）叶胡迪斯·史密斯著；风君译 . —北京：东方出版社，2022.6

书名原文：RETHINKING DISCIPLINE: CONSCIOUS PARENTING STRATEGIES FOR GROWTH AND CONNECTION

ISBN 978-7-5207-1573-7

Ⅰ . ①觉… Ⅱ . ①叶… ②风… Ⅲ . ①家庭教育 Ⅳ . ① G78

中国版本图书馆 CIP 数据核字（2022）第 028595 号

觉醒的父母：这样做，孩子才肯听
（ JUEXING DE FUMU: ZHEYANG ZUO, HAIZI CAI KEN TING ）

作　　者：［美］叶胡迪斯·史密斯
译　　者：风　君
责任编辑：陈丽娜
出　　版：东方出版社
发　　行：人民东方出版传媒有限公司
地　　址：北京市西城区北三环中路 6 号
邮　　编：100120
印　　刷：北京汇瑞嘉合文化发展有限公司
版　　次：2022 年 6 月第 1 版
印　　次：2022 年 6 月第 1 次印刷
开　　本：880 毫米 ×1230 毫米　1/32
印　　张：5.5
字　　数：85 千字
书　　号：ISBN 978-7-5207-1573-7
定　　价：49.98 元
发行电话：（010）85924663　85924644　85924641

版权所有，违者必究
如有印装质量问题，我社负责调换，请拨打电话：（010）85924602　85924603